李长之 著

陶渊明传论

天津出版传媒集团

天津人民出版社

图书在版编目(CIP)数据

陶渊明传论 / 李长之著. -- 天津：天津人民出版
社, 2015.10(2022.3 重印)
ISBN 978-7-201-09706-0

Ⅰ.①陶… Ⅱ.①李… Ⅲ.①传记文学–中国–当代
Ⅳ.①I25

中国版本图书馆 CIP 数据核字(2015)第 223457 号

陶渊明传论
TAOYUANMING ZHUANLUN

出　　版	天津人民出版社	
出 版 人	刘　庆	
地　　址	天津市和平区西康路 35 号康岳大厦	
邮政编码	300051	
邮购电话	(022)23332469	
电子信箱	reader@tjrmcbs.com	

责任编辑	伍绍东	
装帧设计	明轩文化　·　王　烨	

印　　刷	天津新华印务有限公司	
经　　销	新华书店	
开　　本	880 毫米×1230 毫米　1/32	
印　　张	6.375	
插　　页	4	
字　　数	100 千字	
版次印次	2015 年 10 月第 1 版　2022 年 3 月第 5 次印刷	
定　　价	26.00 元	

李长之（1910—1978），山东利津人。他是 20 世纪中国最伟大的文学批评家，当年与吴组缃、林庚、季羡林并称为"清华四剑客"。

"文革"后期的李长之先生，近乎寒酸但精神昂扬。

如果说20世纪的中国有杰出批评家的话，我要排的第一个就是李长之。

—— 北京大学艺术学院院长　王一川

长之先生以年龄论仅长我两岁，以学识论，实在应该是我的前辈。且不说他的学问，即以他读过的中国古典文史和英、德、法、日等外语的记忆、融贯和表达的能力，也是这种年龄的读书人所不易企及的。

—— 已故著名书画家、学者 启功

在清华大学读书、写《夜宴》时候的李长之

譯者序

誰都曉得康德的批判名著是三大部，現在所譯是末一部。為什末我從第三部開始？

原因又其次是由於獻兩部已有譯本，雖然好壞不敢說（因為我還沒有讀過）。較大的理由卻是因為它與自己所治的最為接近，興趣也我濃些。回

羅素上，這部書和我的因緣也最深。回想在大學中檢生物而就哲學的時候，其中原因之一就是由于楊丙辰先生把康德給北美的一般這（在這部書的第三十九節還是一般說到它的地方，就是論及美，楷大而）

（何只在這部書，……）

於我看，我序是立即決意讀讀康德自書，擴大而

康德《判斷力批判》譯序手稿書影

罗曼·罗兰写过贝多芬、米开朗基罗、托尔斯泰，合称"巨人传"。
李长之写孔子、司马迁、陶渊明、李白，这是中国版的"巨人传"。

明·王仲玉画陶渊明像

先生不知何许人也。

目 录

自 序

关于陶渊明,我时常要给他写一个传或者评论。也曾起过几次草,但都没有完成——时日稍过,自己的见解也随着变了。现在写出的是在较长的时间内比较固定一些的看法。主要的是企图解决两个问题:一是他和晋、桓玄、刘裕的关系如何,以及他对农民的态度如何,总之是他的政治态度;二是他和儒家、道家、佛教等的关系如何,究竟应该肯定他有几分儒家思想,有几分道家思想,以及他自成为一种思想面目的是什么,总之也就是他的思想态度。我觉得他的政治态度和思想态度也都有一种发展,文中也就附带地加以阐明。为了准备论据,必须先有一个较详的传记,并且对他的作品创作的时日也须有一个考订,这也就是书的前半的内容。这些见解都不够成熟,是不成问题的,只有请读者们赐教!同时这些见解也有大部分是继续了前人以及当代人的研究成绩,这点则是应该声明,并表示感谢的。鲁迅先生在《魏晋风度及文章

1

与药及酒之关系》一文中说:"陶潜总不能超于尘世,而且,于朝政还是留心,也不能忘掉'死',这是他诗文中时时提起的。用别一种看法研究起来,恐怕也会成一个和旧说不同的人物吧。"我们现在的看法也有些和旧说不同,但未必能达到鲁迅先生的期望。本来还想论陶渊明的艺术成就和生活态度,但因为有些其他工作耽搁太久了,所以姑且暂告一个段落。

一九五二年十月十七日,李长之

陶渊明的两个重要先辈

——陶侃和孟嘉

清代上官周(1665—1749 后)画陶渊明,选自其传世之作《晚笑堂画传》。

一 关于了解陶渊明的政治
态度的一点线索

陶渊明的性格和政治态度,是和他的两位著名的先辈有密切关系的。这倒并不是仅仅由于生理学的或遗传学的看法,如果那样,便未免是机械唯物论了。问题是,陶渊明对于这两位先辈,的确有着异乎寻常的崇拜,因为崇拜,就容易受着影响。在事实上,陶渊明的风度、爱好、习惯,我们也都可以在他那两位先辈的传记里找到鲜明的影子。那么,关于陶渊明的政治态度,也就在他这两位先辈的政治态度中可能得到一点线索了,虽然这不是唯一的线索。

二　被人轻视的善战的溪族

陶侃是不是陶渊明的曾祖,曾经有过争执。阎若璩、阎咏父子和洪亮吉都是主张陶渊明并非陶侃的直系后代的,何焯、钱大昕以及大部分研究陶渊明的专家则肯定是的。

这事情确有可疑。因为,虽然沈约的《宋书》上载明"曾祖侃",但和陶渊明的同时代诗人并且又是陶渊明的好朋友的颜延之作的《诔》却只有"韬此洪族"四个字,并没有提到他的曾祖是谁;更奇怪的是陶渊明自己的《命子》诗,提到陶侃时,只是说,"在我中晋,业融长沙,桓桓长沙,伊勋伊德",竟缺少明确的交代,而《赠长沙公》一诗,序文"长沙公于余为族祖同出大司马",在族祖之间的句逗又有两个读法,再加上下文更淡淡地说出"昭穆既远,已为路人"的话,这就更增加了读者的迷惑。所以朱自清所写《陶渊明年谱中之问题》①一文,索性说:"至世系年岁,则只可姑存然疑而已。"朱自清的文章是带有总结性的,这就是说,这个问题就现有的史料论,已证明是不可能得出更明确的答案了。

因此,我们对这问题可以不必纠缠在陶侃是否是陶渊明的曾祖上。

我们现在要指出的乃是纵然陶侃不是陶渊明的曾祖,他们的关系是不是很密切呢?答案是:也仍然是的。这就是他为他的外祖父孟嘉所写的《晋故征西大将军长史孟府君传》中所说的:"(孟嘉)娶大司马长沙桓公陶侃第十女。"那么,他的外祖乃是陶侃的女婿,也就是,他的外祖母乃陶侃的女儿,这却是千真万确的,这关系难道还不够密切么?一个外祖母是很可以向外孙谈谈自己的父亲的,那么,陶侃的一生可能对陶渊明有很深的印象,不也很自然么?

再看,陶渊明在《命子》诗里对陶侃的崇拜:

> 在我中晋,业融长沙,
> 桓桓长沙,伊勋伊德。
> 天子畴我,专征南国,
> 功遂辞归,临宠不忒。
> 孰谓斯心,而近可得?

言外是说他比桓温、桓玄、刘裕都高明得多。

陶侃是陶渊明这样关系密切又这样崇拜的人物,他应该给陶渊明以极大极深的影响。事实上也确是如此。

这种影响可分两方面说,一方面是性格、爱好,一方面就是政治态度。

先说性格、爱好。陶侃的出身是寒微的,在当时并不是名族。我们看他初入宦途时困难的情形:

> 陶公少有大志,家酷贫,与母湛氏同居。同郡范逵素知名,举孝廉,投侃宿。于时冰雪积日,侃室如悬磬,而逵马仆甚多。侃母湛氏语侃曰:"汝但外出留客,吾自为计。"湛头发委地下,为二髲,卖得数斛米;斫诸屋柱,悉

割半为薪;剉诸荐,以为马草。日夕,遂设精食,从者皆无所乏。逵既叹其才辩,又深愧其厚意。明旦去,侃追送不已,且百里许。逵曰:"路已远,君宜还。"侃犹不返,逵曰:"卿可去矣,至洛阳,当为美谈。"侃乃返。逵及洛,遂称之于羊晫、顾荣诸人,大获美誉。

——《世说新语·贤媛篇》

必须母亲剪了头发,砍了柱子,割了席子,才能供得起客人;送客人,又要追送一百多里地;这样才能得到一个很小的官做。可见够艰难,也够惨痛!原因,就在他出身寒微。当他到了洛阳时,更受尽了当时一般名族的奚落。他去看张华,张华"初以远人,不甚接遇"。(《晋书》卷六十六,《陶侃传》)他去看同乡羊晫,羊晫就受到批评:"奈何与小人共载?"(同上,羊晫《晋书》作杨晫,此据吴士鉴《晋书校注》改)就是后来到陶侃做了征西大将军,因讨伐苏峻,立了大功,那时已经七十岁左右了,却还被人骂为"溪狗":

石头事,故朝廷倾覆(指苏峻事)。温忠武(温峤)与庚文康(庚亮)投陶公求救,陶公云:"肃祖(晋明帝司马绍)顾命不见及;且苏峻作乱,衅由诸庚。诛其兄弟,不足以谢天下。"于是庚在温船后闻之,忧怖无计。别日温劝庚见陶,庚犹豫未能往。温曰:"溪狗我所悉,但见之,必无忧也!"庚风姿神貌,陶一见便改观,谈宴竟日,爱重顿至。

——《世说新语·容止篇》

不但当时人如此轻视他,就是到了唐代所撰的《晋书》上也仍然评论他:"士行望非世族,俗异诸华。"这都说明陶侃出身的寒微。

从温峤称他为"溪狗",和《晋书》上说他"俗异诸华"看来,他之被人轻视不只是阶级的关系而已,还有民族的背景在。溪族也就是《魏书》卷九十六《僣晋司马叡传》所谓"巴蜀蛮獠谿俚楚越"的谿族。陈寅恪有《魏书司马叡传江东民族条释证及推论》一文②,证明陶侃的乡里庐江郡正是溪族杂处区域,他的诸子之凶暴也与善战的溪人的气类相似,结论说:"江左名人如陶侃及渊明亦出于溪族。"这是可信的。

陶侃本来的职业,大概是捕鱼。《晋书》卷六十六有这样的传说:

> 或云侃少时渔于雷泽,网得一织梭,以挂于壁,有顷雷雨,自化为龙而去。

吴士鉴《晋书校注》引《御览》四十八《异苑》文:

> 钓矶山,陶侃尝钓于此山下,水中得织梭一枚,还挂壁上,成赤龙,从空而去,石上犹有侃迹存焉。

《世说新语·贤媛篇》:

> 陶公少时作鱼梁吏,尝以坩鲊饷母。母封鲊付使,反书责侃曰:"汝为吏,以官物见饷,非唯不益,乃增吾忧也。"

刘孝标注引《幽明录》:

> 陶公在寻阳西南一塞取鱼,自谓其池曰"鹤门"。

这些故事的背后都有一个共同的历史真实性,那就是陶侃"本出于业渔之贱户",如陈寅恪所说。陈寅恪早另有《桃花源记旁证》一文③曾指出那是"寓意之文,亦纪实之文",但那时他还只说是那是根据戴延之随刘裕入关后的见闻,和刘骥之入衡山采药二事创作出来的,现在他这《魏书司马叡传江东民族条释证及推论》一文里又加上:"武陵人捕鱼为业,缘溪行,正是一篇溪族纪实文字。"我们对这也应该首肯。溪族是勇敢善战的,晋义熙六年卢循之战时,参军殷阐曾说:"循所将之众,皆三吴旧贼,百战余勇,始与溪子拳捷善斗,未易轻也。"(《资治通鉴》,卷一百一十五)陶侃的性行也有类似。

总之,从陶侃到陶渊明,这里有一个出身寒微,捕鱼为业的善战的溪族生活背景在。从这里,我们不能不想到陶渊明的勤俭,能劳动,倔强,和仕宦不能得意等等了。当然,这些生活和性格的养成,也还有其他的原因,那是有待于别方面的分析的,然而无疑在这里也说明了一部分。

三 自强不息和反对浮惰

我们现在举几件具体的事情,见出陶侃对陶渊明的影响。陶侃是一个振作而有打算的人。《晋书》卷六十六:

> 侃在州无事,辄朝运百甓于斋外,暮运于斋内。人问其故,答曰:"吾方致力中原,过尔优逸,恐不堪事。"其励志勤力,皆此类也。

《世说新语·政事篇》:

> 陶公性检厉,勤于事。作荆州时,敕船官悉录锯木屑,不限多少,咸不解此意。后正会值积雪始晴,听事前除雪后犹湿,于是悉用木屑覆之,都无所妨。官用竹,皆令录厚头,积之如山,后桓宣武伐蜀,装船悉以作钉。

《世说新语》刘孝标注引《晋阳秋》:

> 侃练核庶事,勤务稼穑,虽戎陈武士,皆劝厉之。有奉馈者,皆问其所由,若力役所致,欢喜慰赐;若他所得,则呵辱还之。是以军民勤于农稼,家给人足。……侃勤而整,自强不息。又好督劝于人,常云:"民生在勤,大禹圣人,犹惜寸阴,至于凡俗,当惜分阴。岂可游逸、生无益于

11

时,死无闻于后?是自弃也。又老庄浮华,非先王之法言,而不敢行,君子当正其衣冠,摄以威仪,何有乱头养望,自谓宏达耶?"

又引《中兴书》:

> 侃尝检校佐吏,若得樗蒲博弈之具,投之,曰:"樗蒲老子入胡所作外国戏耳,围棋尧舜以教愚子,博弈纣所造。诸君国器,何以为此?若王事之暇患邑邑者,文士何不读书?武士何不射弓?"谈者无以易也。

这种勤俭、自强不息、鼓励稼穑、反对浮华游惰的习惯,可视为陶氏的家教。

我们再看陶渊明的诗:

> 先师遗训,余岂云坠?
> 四十无闻,斯不足畏。
> 脂我名车,策我名骥,
> 千里虽遥,孰敢不至?
>
> ——《荣木》

这不同样是自强不息的精神么?

> 忆我少壮时,无乐自欣豫,

猛志逸四海，骞翮思远翥。

荏苒岁月颓，此心稍已去，

值欢无复娱，每每多忧虑。

气力渐衰损，转觉日不如。

壑舟无须臾，引我不得住，

前途当几许，未知停泊处。

古人惜寸阴，念此使人惧！

——《杂诗》十二首，其五

这不就直然是陶侃所说"大禹圣人，犹惜寸阴"的警觉么？自然，陶渊明是诗人，不像陶侃是军人——有四十年行伍生活的军人，不会那样单纯——不会没有一点感伤，然而他仿佛时刻在记得陶侃那种奋勉的话似的，却是不可否认的。

陶渊明对于生活要求不高，"岂期过满腹，但愿饱粳粮，御冬足大布，粗绵以应阳"（《杂诗》，其八）；他自己情愿劳动，而不愿意过坐享其成的生活，"人生归有道，衣食固其端；孰是都不营，而以求自安？开春理常业，岁功聊可观。晨出肆微勤，日入负耒还"（《庚戌岁九月中于西田获早稻》）；他不但自己劳动，也劝人劳动，"先师有遗训，'忧道不忧贫'。瞻望邈难逮，转欲志长勤。秉耒欢时务，解颜劝农人"（《癸卯岁始春怀古田舍》二首，其二），他另作有《劝农》诗，指出，"民生在勤，勤则不匮"，并说明："相彼贤达，犹勤陇亩。矧兹众庶，曳裾拱手！"这不也是陶侃那种自身勤劳，又劝人稼穑的神气么？

陶渊明在种田之余，也没忘了读书，"既耕亦已种，时还

读我书"(《读山海经》十三首,其一),正是实行了陶侃说的
"文士何不读书"的教训的。

在陶渊明的诗中,虽然有过"栖迟固多娱,淹留岂无成"
(《九日闲居》)的话,仿佛有些松懈似的,也说过"立善常所
欣,谁当为汝誉"(《形影神·神释》)的话,仿佛有些消极似的,
然而在他所有的诗文中谈过饮酒,谈过琴书,却始终没说过
博弈,这也是和陶侃的反对博弈有相同之处的。

在陶渊明的思想中,有老、庄成分是不成问题的,虽然不
能像朱熹那样全称肯定地说:"其旨则出于老、庄。"但陶渊明
自有他的限度,不像其他老、庄之徒,就是饮酒吧,也是"既醉
而退,曾不吝情去留"(《五柳先生传》),而且他有时还想到:
"老少同一死,贤愚无复数。日醉或能忘,将非促龄具!"(《神
释》)这个限度正如魏了翁所说:"有阮嗣宗之达,而不至于
放。"也许陶侃那种反对老、庄的态度对他正有一部分影响。
陶侃也是个有节制的人,《晋书》卷六十六:"侃每饮酒,有定
限,常欢有余而限已竭。"诗人的陶渊明在饮酒上当然不能理
智到这地步,然而他也决不是沉湎的。

再举两件小事。陶侃对人恩怨分明。当他晚年,因功封了
长沙郡公以后,"命张夔子隐为参军,范逵子珧湘东太守,辟
刘弘曾孙安为掾属,表论梅陶,凡微时所荷,一飧咸报"(《晋
书》卷六十六)。这也正如陶渊明在《乞食》诗里所说的:"感子
漂母惠,愧我非韩才;衔戢知何谢,冥报以相贻。"到陶侃临死
的时候,神志异常清明,"及疾笃,将归长沙,军资器仗,牛马
舟船,皆有定簿,封印仓库,自加管钥,以付王愆期,然后登

舟,朝野以为美谈"(《晋书》卷六十六)。这和陶渊明在死前写好《与子俨等疏》,临死时作《自祭文》《挽歌》,同样是那么从容的。

勤劳,积极,理智,有节制,这是陶侃和陶渊明的共同点。

当然他们也有距离,陶侃毕竟是军人,跋扈是有的,权术是有的,所以他的部下梅陶批评他:"陶公机神明鉴似魏武。"(《晋书》卷六十六)同时他也有很小气的地方,喜欢苛察为明。陶渊明是诗人,比他和易,淳厚,大方,却没有他精明。由于地位和生活不同,陶侃虽然爱惜竹头木屑,虽然爱惜别人的劳动,例如他曾把随便取人没长熟的稻子的人打过一顿鞭子,但他仍有腐化豪奢的一面,那就是,"媵妾数十,家僮千余,珍奇宝货,富于天府"(《晋书》卷六十六),而陶渊明却是"居无仆妾"(《颜延之诔》),"老至更长饥"(《有会而作》),苦一辈子。

四　陶侃是桓玄、刘裕一流人

现在谈陶侃的政治态度，并从而对陶渊明的政治态度也作一臆测。

首先，我们要记得陶侃是一个跋扈的军人，更恰当地说，是一个跋扈的军阀。他带兵四十年，有曹操那样的机智和勇敢，他在东晋的地位是在王敦、苏峻、桓温、桓玄、刘裕这一个行列里。从王敦起，到刘裕为止，都是想学曹操、司马懿那种夺取政权的方式的。

当时的晋室很微弱，所谓皇帝不过是天天受那些有名的士族和跋扈的军阀的气的可怜虫。在最初，军阀与军阀间有些牵制，那些出身士族的政治家又有些手腕，就利用军阀间的矛盾，维持了小朝廷的局面。后来这些士族的势力衰弱了，军阀们就自相吞灭，所以在士族出身的大政治家谢安一死（公元三八五年），桓玄就几乎成功（公元四〇三年），刘裕就完全成功（公元四二〇年）了。王敦（公元三二四年）、苏峻（公元三二八年）、桓温（公元三七三年）等的失败，不过是历史条件还没有成熟而已。

这些军阀夺取政权的步骤，几乎有一个一般的公式：一是握有军事大权；二是占有两个军事要地之一，或者是长江上流武昌、江陵、荆州一带，或者是在建业之西京口（镇江）一带；三是对内要有军事上的优胜的表现，先是平"造反"的，取得更高的军事地位，就慢慢自己也对"造反"垂涎起来；四是对外也要立功,因为这时一般人所感觉最大的问题还是收复北方失地,在这一方面如果没有表现,是不容易受人拥护的,这更是一个十分重要的政治资本;五是最后,就是取得像曹操、司马懿那样的"阿衡"的地位以后,就请皇帝"禅让"。刘裕就是完成了这些步骤的一个典型,其他的军阀或者完成其中的一部分,或者具体而微。

陶侃也是属于这个类型的。他是一个活了将近八十岁的老军阀(他在临死时上表说:"臣年垂八十,位极人臣。"时为公元三三四年)。他在西晋末年已经崭露头角,已是荆州刺史,打败过王真,打败过杜弢。平了王敦以后,他是都督荆、雍、益、梁州诸军,征西大将军;平了苏峻,他被封为长沙郡公,加都督交、广、宁七州军事。他镇守的地方,正是江陵、巴陵、武昌等地。这就是,他已有了上面所说的夺取政权的三个步骤:握军事大权,居军事要地,平内乱有大功。那么,下一步呢,那就是他在最后所上的表中所说的:"臣间者犹为犬马之齿尚可小延,欲为陛下西平李雄,北吞石季龙,是以遣毌丘奥于巴东,授桓宣于襄阳,良图未叙,于此长乖。"可惜的是,这一步已经布置了,却没有完成就死了。

就他的身份和地位看,就他处的环境看,就他前前后后的同样身份和地位的像王敦、苏峻、桓温、桓玄、刘裕等的榜样看,他如果是例外,那倒不可思议了。

陶渊明在《命子》诗里说他"天子畴我"。注家虽然对"畴"字费了许多事,绕了许多弯儿,不肯说那就是和天子相等的意思,然而就当时的情势看,就下文"孰谓斯心,而近可得"

看,并且注家已经知道是指桓玄、刘裕了,那么那句话的实质意义乃是:"彼可取而代也。"

如果我们根据当时历史的情况加以理解的话,陶侃是不可能完全忠于晋室的。他可以夺取政权,一旦条件成熟。历史的记载也就是如此。《晋书》卷六十六《陶侃传》记他平苏峻之役时说道:

> 暨苏峻作逆,京都不守,侃子瞻为贼所害。平南将军温峤要侃同赴朝廷。初明帝崩,侃不在顾命之列,深以为恨,答峤曰:"吾疆场外将,不敢越局。"峤固请之,因推为盟主。侃乃遣督护龚登率众赴峤,而又追回。峤以峻杀其子,重遗书以激怒之。

《晋书》卷六十七《温峤传》就记得更明确:

> (峤)遣王愆期等要陶侃同赴国难,侃恨不受顾命,不许。——时陶侃虽许自下而未登,复追其督护龚登。峤重与侃书曰:"仆谓军有进而无退,宜增而不可灭。……仁公今召军还,疑惑远近,成败之由,将在于此。……恐惑者不达高旨,将谓仁公缓于讨贼,此声难追。……假令此州不守,(祖)约、(苏)峻树置长官于此,荆楚西逼强胡,东接逆贼,因之以饥馑,将来之危,乃当甚于此州之今日也。以大义言之,则社稷颠覆,主辱臣死,公进当为大晋之忠臣,

参桓文之义,开国承家,铭之天府,退当以慈父雪爱子之痛。……今出军既缓,复召兵还,人心乖离,是为败于几成也。愿深察所陈,以孚三军之望!"峻时杀侃子瞻,由是侃激励,遂率所统,与(温)峤、(庾)亮同赴京师。

可见陶侃本来不想出兵,出了兵又后悔,只因想到爱子被杀,但也是别人借此激怒,才去打仗的。他对于晋室是多么冷淡!不但冷淡,想到"不在顾命之列",还"深以为恨"呢。

我们再看下面这个传说:

(侃)梦生八翼,飞而上天,见天门九重,已登其八,唯一门不得入,阍者以杖击之,因坠地,折其左翼。及寤,左腋犹痛。——及都督八州,据上流,握强兵,潜有窥窬之志,每思折翼之祥,自抑而止。

——《晋书》卷六十六

清丁国钧《晋书校文》对于这种传说很不以为然,说:"曰潜有,曰每思,曰自抑,皆非本人不知,作史者从何探得?桓公东晋第一名臣,而传文多微词,于无可捉摸之中,构坐以不臣之罪,尤可骇怪。"其实是没有什么可骇怪的,如果从当时大势上去理解的话。而且上面这一段传说也并非《晋书》的创作,而是在王隐的《晋书》和刘敬叔的《异苑》中已经记录了的。我们说过,陶侃是一个精细而有打算的人,他想夺取政权,但他不会不考虑到现实的条件,他也一定觉得当时条件还没成

19

熟,例如对外立功,就还只有布置而没完成,如果猛进,便会失败,他有这种意识之后,所以在梦中,就变为折翼堕地了。他大概并非因为有过这个梦,才自抑而止,恰恰相反,正因为自抑而止,才有了这个梦的吧。

除了由于以前的人对于梦的科学知识不足,记录梦和现实的先后关系上有所颠倒而外,这个梦的传说完全是合情合理的,也完全有真实性的。

陶侃不是一个完全忠于晋室的人,而是一个有野心夺取政权的人,乃是正如桓玄、刘裕的类型一样的人,只是还没布置就绪,这是我们可以肯定的。以前的一部分历史家不肯这样认识他,那只是由于为了统治者的利益,怕给这种人以鼓励,同时也是怕见"叛逆"的字样,有些触目惊心就是了。后来又由于陶渊明的地位之提高,统治阶级的学者既认定陶渊明是忠于晋室的,于是也助长了粉饰陶渊明的先辈陶侃的政治态度。但也有折衷的意见,以为陶渊明虽是忠于晋室的,陶侃却有问题,那就像蒋薰在评《命子》诗中所说:"长沙公侃,前史多议其非纯臣,而此心有不可问者,陶翁为祖讳也。"④这多少看见了真理的一半。

陶侃的政治态度显明如此,陶渊明对于他既只有赞扬而没有批评,加之陶渊明在生活的其他方面又受陶侃的影响那样多而且大,陶渊明对于晋室是什么感情,还不很容易推断了么?但这个结论且不忙着下,再看他的外祖孟嘉。

五　魏晋风度的实际意义和
桓温系的孟嘉

孟嘉和陶渊明的关系更密切一些,他和陶渊明的共同点更多一些,他对于陶渊明的影响也更大一些。

我们所以说孟嘉和陶渊明的关系更密切一些,这是因为:孟嘉确确切切是他的外祖,不像陶侃是否是他的曾祖还让后代的人发生过争论;其次是陶侃被陶渊明提到时只是在《命子》诗里寥寥几句,而孟嘉却是有陶渊明写的详细的《晋故征西大将军长史孟府君传》,而这个传记又是详细到连《世说新语》和《晋书》都没有另外的材料(只是《晋书》记他活了五十三岁,此传作五十一,此外很少差异),可知陶渊明对孟嘉是更熟悉些;再次是,孟嘉的出身是比陶侃高些,陶侃寒微,可能是渔户,孟嘉的曾祖孟宗却是吴司马,孟嘉自己也是"名冠州里,声流京师"(陶渊明写的传),这就是说,他更近于当时的士族,文化教养也就高些,不像陶侃只是一个老粗,这对于读书人的陶渊明来说,气味上就更接近了。

孟嘉有当时所谓的名士风流,也有后来人所称为的魏晋风度,这种风流或风度是当时士大夫的一种架子和应付人事的方式,这是在封建贵族阶级里所欣赏的一种"人格美"。同时也是现实社会所需要的一种做人的方法。它是由修养而得的,它的实际意义之一面是当时的统治阶级所需要的一种政治家的仪表或态度,因而也是登政治舞台的政治资本之一。

21

我们看陶渊明写的《传》里有这样两段：

> 太傅河南褚裒，简穆有器识，时为豫章太守，出朝宗（庾）亮，正旦大会，州府人士，率多时彦，君在座次甚远。裒问亮："江州有孟嘉，其人何在？"亮云："在坐；君但自觅。"裒历观，遂指君谓亮曰："将无是耶？"亮欣然而笑，喜裒之得君，奇君为裒之所得，乃益器焉。

> 君尝为刺史谢永别驾，永会稽人，丧亡，君求赴义。路由永兴，高阳许询有隽才，辞荣不仕，每纵心独往，客居县界，尝乘船近行，适逢君过，叹曰："都邑美士，吾尽识之，独不识此人。唯闻中州有孟嘉者，将非是乎？然亦何由来此？"使问君之从者，君谓其使曰："本心相过，今先赴义，寻还就君。"及归，遂止信宿，雅相知得，有若旧交。

褚裒是当时的大政治家，许询是当时玄言诗作者的两大代表人物之一（另一是孙绰），他们都在风度上猜得出是孟嘉，这说明孟嘉的声誉之大，也说明孟嘉确乎够得上所谓魏晋人的风度的典型。

因为这种风度是符合封建贵族的身份的，所以有了这种风度，就可以做大官（当然做大官还有其他的条件）。因而就有下面这一段《传》文：

> 光禄大夫刘耽，昔与君同在（桓）温府，渊明从父太常夔尝问耽："君若在，当已作公不？"曰："此本是三司

人！"为时所重如此。

但是他为什么没有真正"作公"呢？这是因为时代变了，士族的贵族政治已经过去了，另一种势力是军阀。如果没有军权，或者不服服帖帖于这种军权，是什么也做不出来的。这就可以解释桓温对他说的"人不可无势，我乃能驾御卿"了。

照我们现在所理解，所谓魏晋风度，一方面就是高贵，正如上所说，它的实际意义乃是登政治舞台的一种政治资本，这个意义是积极的；另一方面则是镇静，它的实际意义就是在那个动乱的时代，在那个统治阶级内部互相倾轧的时代，在那个一般人（包括统治阶级在内）的性命朝不保夕的时代，需要有一种遇事不能惊惶、不能立时有所表示、免得为人借口或者看穿了弱点而容易下手的一种应付方法，这个意义是消极的。

在后一个意义之下的魏晋风度，孟嘉也仍然有的。这就是所谓"冲默有远量"，"未尝有喜愠之容"。《传》文中说：

> 九月九日，(桓)温游龙山，参佐毕集，四弟二甥咸在座，时佐吏并着戎服。有风吹君帽堕落，温目左右，及宾客勿言，以观其举止。君初不自觉。良久如厕，温命取以还之。

帽子吹落是不会不觉的，他的不觉就是一种镇静的风度。这在当时是十分必要的。我们为了了解魏晋人何以常常"喜怒

不形于色",可以再看下面几个故事:

孔融被收,中外惶怖,时融儿大者九岁,小者八岁,故琢钉戏,了无遽容。融谓使者曰:"冀罪止于身;二儿可得全不?"儿徐进曰:"大人岂见覆巢之下,复有完卵乎?"寻亦收至。

——《世说新语·言语篇》

桓宣武平蜀,以李势妹为妾,甚有宠,常著斋后。主(温尚明帝女南康长公主)始不知,既闻,与数十婢拔白刃袭之。正值李梳头,发委藉地,肤色玉曜,不为动容,徐曰:"国破家亡,无心至此,今日若能见杀,乃是本怀!"主惭而退。

——《世说新语·贤媛篇》

(庾)敱虽居职任,未尝以事自婴,从容博畅,寄通(恐是运字讹)而已。是时天下多故,机事屡起,有为者拔奇吐异,而祸福继之,敱常默然,故忧喜不至也。

——《世说新语·赏誉篇》注引《名士传》

王劭、王荟共诣宣武,正值收庾希家。荟不自安,遂巡欲去,劭坚坐不动,待收信还,得不定,乃出。论者以劭为优。

——《世说新语·雅量篇》

24

桓公伏甲设馔,广延朝士,因此欲诛谢安、王坦之。王甚遽,问谢曰:"当作何计?"谢神意不变,谓文度曰:"存亡在此一行。"相与俱前,王之恐状转见于色,谢之宽容愈表于貌,望阶趋席,方作《洛生咏》,讽"浩浩洪流"。桓惮其旷远,乃趣解兵。王、谢旧齐名,于此始判优劣。

——《世说新语·雅量篇》

从这些事例看,自大官僚到妇女儿童,都在残忍的局面下有这么一种镇静处变的本领。至于特别提到那些名族才有这种风度的缘故,那只是因为他们离统治阶级的内部斗争更近些,也就更为必要些而已。

高贵和镇静,就是所谓魏晋风度的内涵。孟嘉在这一方面是够得上的。就是这种贵族阶级所具有的生活态度和习惯,也影响了陶渊明,虽然陶渊明本人还不够贵族阶级。

我们再从孟嘉和陶渊明的共同处,看孟嘉对他这位外孙的一些其他影响。陶渊明一方面有他的高贵,例如"江州刺史王宏欲识之,不能致也";但是另一方面也有他不为已甚的处世的方法,后来"渊明尝往庐山,宏命渊明故人庞通之赍酒具于半道栗里之间要之。渊明有脚疾,使一门生二儿舁篮舆,既至欣然,便共饮酌。俄顷宏至,亦无忤也"(萧统《陶渊明传》)。他不肯得罪王宏。在颜延之写的《陶徵士诔》里,还记有他劝颜延之的话:"独正者危,至方则碍。"更可见他的处世哲学了。在陶渊明的诗中有"纵浪大化中,不喜亦不惧"(《神释》)

25

的话,其实这正是基于现实生活而锻炼出来的喜怒不形于色的镇静态度的理论化而已。

因此,高贵和镇静也体现在陶渊明的身上。

此外,关于饮酒和爱好自然,陶渊明也酷似其外祖。《传》中记孟嘉:

> 好酣饮,逾多不乱,至于任怀得意,融然远寄,傍若无人。(桓)温尝问君:"酒有何好,而卿嗜之?"
>
> 君笑而答之:"明公但不得酒中趣尔。"又问听妓丝不如竹,竹不如肉。答曰:"渐近自然。"

陶渊明的喝酒也正是这样,就是喝多了也还是清醒,像《饮酒》诗就正是在醉中谈许多大道理的。"任怀得意,融然远寄",就恰是陶诗中所谓,"试酌百情远,重觞忽忘天。天岂去此哉,任真无所先"(《连雨独饮》)。"渐近自然",也就正是陶诗中所谓,"久在樊笼里,复得返自然"(《归园田居》五首,其一),对自然也同样有那样追求的感情。

在孟嘉这里,是比在陶侃那里,更有着清晰的陶渊明的影子。

现在要问:孟嘉的政治态度怎样呢?对于晋室如何呢?我们只指出一件事就够了,孟嘉乃是桓温一系的人物,《晋书》上的《孟嘉传》,就附在卷九十八《桓温传》中。而桓温呢,乃是列在所谓"叛逆"里头的(涵芬楼版的《晋书》,在目录上卷九十八下面即注明"叛逆"二字)。

陶渊明所赞叹崇拜的人,所受影响极大的人,乃是不但不忠于晋室,而且是和晋室作对的人,那么,陶渊明是否忠于司马氏一姓,也就不言而喻了。

附带一谈的是陶侃的孙子陶澹和孟嘉的弟弟孟陋,以及可能是陶渊明的妻子一家的翟汤等。他们的事迹都见《晋书》卷九十四《隐逸传》,陶渊明的传也是在这一卷的。

陶澹应该是陶渊明的父辈。他是隐士,要举他做秀才了,他就逃到罗县埠山中,"终身不返,莫知所终"。这样的一个结束,令人想到《桃花源记》中的境界来,可能这也是陶渊明写《桃花源记》的素材来源之一。

孟陋是陶渊明的外祖辈。他也是隐士。他喜欢一个人去钓鱼,谁也不知道他到哪儿。丧母后,有十多年不饮酒吃肉,是一个十分孝顺的人。晋简文帝请他出来,他没出来。桓温对他也很重视。别人建议桓温约他做官。桓温说:"会稽王尚不能屈,非敢拟议也。"孟陋知道了就解释道:"桓公正当以我不往故耳。亿兆之人无官者十居其九,岂皆高士哉?我疾病,不堪恭相王之命,非敢为高也。"他这种善于措词的态度,也很像后来陶渊明对付王宏、檀道济的办法。他是一个儒家,被人称为"学为儒宗",长于《三礼》,有《论语注》行世。可能这就是陶渊明的儒家教养的渊源。

陶渊明的妻子翟氏,是也能"安勤苦"的一位"同志"(萧统《陶渊明传》语),元人王质撰《栗里年谱》,说的就是翟汤家。翟汤一家可说是代代相传的隐士,从翟汤(公元二七二年—三四四年)起,儿子翟庄,孙子翟矫,曾孙翟法赐,都是隐士。翟法赐和陶渊明同时,也许陶妻翟氏,就是翟法赐的女儿辈。

　　这就是陶渊明的周围。陶渊明有那样的一生,就毫不奇怪了。

六 陶渊明所受两方面的影响

我们的结论是：陶渊明一生在亲属中关系最大的二人，一是陶侃，一是孟嘉。陶侃虽然不一定是陶渊明的曾祖，但他是陶渊明的外祖的岳父，也就是他的外祖母的父亲，乃是一个并不忠于晋室而有着篡夺晋王朝的统治地位的野心的军人。孟嘉就是陶渊明的外祖，虽然自己没想夺取政权，但却是依附于一个不忠于晋室而几乎篡夺了晋王朝的统治地位的军人——桓温。

陶渊明不但和这两人关系那样深，而且受着他们极大的影响，对于他们有着极高的崇拜，所以我们敢肯定陶渊明也不会是十分忠于晋室的人物。从前人所以得出陶渊明忠于晋室的结论，只可能说是封建统治阶级以及服务于封建统治阶级的学者的幻想，其实是不合实际的。

那么，陶渊明有没有政治苦闷呢？有。但不是忠于晋室的问题，而是在他自己的乌托邦式的政治思想的幻灭，而是在他对于忽起忽灭的桓玄政权的感慨，而是在他对于刘裕政权的看不上眼，而是在他对于晋末皇帝的惨遭毒害之普通的(而不是君臣关系上的)同情而已。司马氏，桓氏，刘氏，三个政权之间，陶渊明应该是接近桓氏的，从孟嘉的政治关系上也可以得到一点线索。

撇开对于陶渊明的政治态度的影响不谈，陶侃和孟嘉在生活态度上也都给陶渊明以某种程度上的形成的力量。陶侃所影响陶渊明的,是一种出身寒微的人所有的质朴、有力的勤奋;孟嘉所影响陶渊明的,是一种士族阶级所有的高贵与镇静相结合的旷远。

因此,一方面是像一个普通农民那样的肯勤俭,肯劳动,有一种刚性;一方面又像一个当时贵族所有的含蓄,有教养,表面上冲淡和平。这就是陶渊明。这两方面都是可以在陶侃和孟嘉那里找到影子的。自然,陶渊明这种性格的所以形成,也和他自己的阶级地位有关,和他受的教育有关,和他所经历的生活有关,并和当时社会上一般风气的变化有关,但关于这些方面是必须把他一生的整个经历加以探求才能说明的,也就是下文所要叙说的。

一九五二年九月十六日作

[**注**]:

①《清华学报》九卷三期(一九三四年,七月)

②《历史语言研究所集刊》第十一本(一九四三年)

③《清华学报》十一卷一期(一九三六年,一月)

④蒋薰评《陶靖节诗集》卷一,第八页(乾隆二年刻本)

陶渊明的一生及其作品

徐宗浩(1880—1957)于 1929 年画陶渊明像，上书《与字俨等疏》。

一 引子——陶渊明诞生的时代

在陶侃死后(公元三三四年)三十多年,在孟嘉可能还在世的时候(孟嘉死年无考,但他与桓温同时,桓温死于公元三七三年),陶渊明诞生了。

陶渊明诞生的年代是公元三六五年,晋哀帝(司马丕)兴宁三年。近代人虽然有些不同的议论,但理由都不是十分巩固的①,反之旧说倒有许多不可动摇的地方②,所以我们保留了旧说。

这时东晋偏安已经有四十八年(公元三一七年起)了,而逐渐衰微下去。此后有五十四年是在外来的压迫和内战的循环中过日子,这样晋王朝也就亡了。——这正是陶渊明的一生所占的时间的主要部分。

在陶渊明的幼年,是王、谢士族依然有着势力的时代,但已经走向没落了。大书法家王羲之死在公元三七九年,那时陶渊明十五岁。十九岁那年,有有名的淝水之战(公元三八三年)。这次大战带有决定性的意义,秦王苻坚在前一年就说:"自我承业垂三十载,四方略定,唯东南一隅,未霑王化。今略计我士卒,可得九十七万,吾欲自将以讨之。"(《资治通鉴》卷一〇四)他在第二年并且给谢安等准备了房舍,打算俘虏过去,当他的吏部尚书。他是决想不到失败的。他没料到晋国靠了被俘虏过去的爱国将领朱序的透漏敌情,临阵瓦解了敌人战志,以及谢安的异乎寻常的从容镇定的指挥(谢安在初闻兵警时镇定到照常下棋，到大胜时也仍然下棋，"了无喜色"），而更重要的是一般人民和士兵都有着极其热烈的盼着打一个胜仗的愿望，并在事实上也支持了这一个胜利，所以就以八万之众，终于击退了百万大军的入侵。从此，南北对立的局面稳定下来了；有时还可以北伐，收复一部分失地。就作战能力和士气论，东晋是有早日北伐成功的希望的。淝水之战是晋的国威依然强大的一个证明，可是此后国力就为内战所削弱。淝水之战同时是王、谢士族政权的一个回光返照，谢安死于淝水之战的后两年（公元三八五年），士族更没落了，军阀的势力代之而起。谢安死时，陶渊明二十一岁。

陶渊明的时代，就是一个士族没落，而军阀代起的时代。陶渊明自己虽然不是士族，但由于文化教养，时代风习的熏陶，他也有当时士族阶级所共同具有的生活态度、生活习惯和生活意识；士族没落了，他也就有一种没落的感觉，他老是怀想古代，这心情是可以了然的。军阀势力呢，他一方面看不上眼，也够不上资格，于是他在另一方面谋出路，这就是他躬耕的来由。他想靠自己的劳动，维持一个小天地，保留他自己的没落的情调以及自己的思想体系。由于他对当时不满，他的作品里有着反映和批判的成分；由于他自己经过了穷困和劳动，他的作品里也有对于劳动人民的生活的体会和同情；他虽然是不得已而劳动的，但既经劳动之后，也多少变革了自己——所以他的人格和作品终于有着很大的光辉。

作为诗人的陶渊明，他的幼年和少年，恰是生长在一个艺术时代里。除了方才提到过的书法家王羲之和他同时之

34

外,雕塑家戴逵(死于公元三九六年,时陶渊明三十二岁),大画家顾恺之(生于公元三四三年,大陶渊明二十二岁③),山水画家宗炳(生于公元三七五年,时陶渊明十一岁),也都和陶渊明同时。就文学范围内而论,虽然过江的大诗人郭璞死在陶渊明生前四十年,中间似乎空白了些,但玄言诗人孙绰、许询,咏史诗人袁宏都在陶渊明幼年时还活着,至于和陶渊明同时的年轻诗人谢灵运(生于公元三八五年)、谢惠连(生于公元三九七年)、颜延之(生于公元三八四年)、鲍照(可能生于公元四一六年左右)等,就更多了。附带提及的,是这时还有大思想家支遁(公元三六六年卒)、鸠摩罗什(公元四〇九年卒)、慧远(公元四一六年卒)、大历史家裴松之(生于公元三七二年)、《世说新语》的编著者刘义庆(生于公元四〇三年),这都是和陶渊明同时在文化上放着光彩的。

这就是陶渊明的时代——文化上一点也不寂寞的时代。

陶渊明的诗是那样有着艺术性,同时又带有那样多的思辨的因素,在没落的情调之中却又有着傲然独往的神气,这正说明他的诗是像他那样一个身份的人在他那一个时代的反映。

二　陶渊明的一生的总括

　　陶渊明的一生可分为三个时代:二十九岁以前是一个时代,大概是过种田和读书的生活;二十九岁到四十一岁是一个时代,他做了好几次小官吏,也时常出门,多半是由于职务;四十二岁到死,就是到六十三岁,是一个时代。这时的他眼看晋室固然衰微,桓玄的政权也倏起倏灭,刘裕已慢慢握起大权,代替了桓玄,最后逼死了晋朝最后的两个皇帝,而自己又建立了新的王朝。这其间有不少的惨杀倾轧,诗人的陶渊明看不顺眼,因而隐退起来,因而暗中牢骚多起来,并为了保持自由而再度去躬耕。于是在二十余年中,慢慢把自己的生活理想化,也理论化,遂形成了一个具有独特面目的思想的诗人,这就是他的晚年。这就是他的一生。

三　早年的生活和教育

我们先说他第一个时代的生活。

据他的《命子》诗所说，"肃矣我祖，慎终如始，直方二台，惠和千里"，就"惠和千里"看来，他的祖父做过太守。名字有二说，一说是陶岱，一说是陶茂，如果是陶茂，那就是做过武昌太守的。

《命子》诗接着说，"于穆仁考，淡焉虚止，寄迹风云，真兹愠喜"，名字已经没有记载了，是否做过太守，太守的地方是姿城还是安城也不确切，只是就这"真兹愠喜"看来，知道他这父亲也是有些魏晋人的"喜怒不形于色"的风度的。写《命子》诗时已称仁考，可知他父亲已经在他二十岁左右亡故了。

在他十二岁时，死去他的庶母。他在《祭程氏妹文》中说："慈妣早世，时尚孺婴，我年二六，尔才九龄。"父妾称慈母，这所谓慈妣一定就是庶母了。他这出嫁给程氏的妹妹，也就是他的庶母生的。

从他的祖父做过太守，父亲还娶有一妾看起来，他最初的家境大概还不算太坏。

然而无疑的是没落了，尤其在他二十岁左右的时候。他在《有会而作》一诗里说，"弱年逢家乏"，在《怨诗楚调示庞主簿邓治中》一诗里更说，"弱冠逢世阻，始室丧其偏"，因为那恰是淝水之战的前后，秦兵入寇，并加上连年大水大旱，发生饥馑的时候，他的生活也便正在忧患里度过。刚结婚，就死了

37

妻子。后来他又续了弦。前后夫人都生了孩子,一共是五个,所以他后来写的《与子俨等疏》中有"汝等虽不同生"以及"况同父之人"的话。他的长子俨,小名阿舒,字求思的,大概就是前妻所生。在生子不久,他写了《命子》诗,其中充满着封建道德气息,是十足的士大夫的家庭教育诗,也就从而见出陶渊明本身所受的教育。这时大概二十二三岁吧,所以也是集中最早的作品的时期。

他早年曾受过儒家的教育。他曾说,"少年罕人事,游好在六经"(《饮酒》二十首,其十六)。这点对他很重要,使他虽然有些旷放,而终有一种约束。那个时代是一个老庄依然盛行的时代,他的性格也是近于老庄的,实际上他的作品里也有不少的老庄思想,而这点儒家的教育对他还是有着极大的约束力的。这就是使他始终崇拜孔子的原因。可是正因为是结合着老庄的时代思想,他又不能纯粹学孔子,再加上他自己的劳动生活的体会,于是他的理想人物乃是长沮、桀溺了,这是在他的诗文中屡屡见到的。

他早年就喜欢自然,"少无适俗韵,性本爱丘山"(《归园田居》五首,其一)。

他早年就爱琴书,"弱龄寄事外,委怀在琴书。被褐欣自得,屡空常晏如"(《始作镇军参军经曲阿作》)。他原是想过一种淳朴而单纯的生活的,"少学琴书,偶爱闲静,开卷有得,便欣然忘食,见树木交荫,时鸟变声,亦复欢然有喜。常言五六月中,北窗下卧,遇凉风暂至,自谓是羲皇上人,意浅识罕,谓斯言可保"(《与子俨等疏》)。

除了穷困之外,他的早年也可说是快乐的,这就是他所说的"盛年欢",也就是他说的"忆我少壮时,无乐自欣豫,猛志逸四海,骞翮思远翥"(《杂诗》)。他的壮志的梦想又形象化在另一首诗里,"少时壮且厉,抚剑独行游,谁言行游近,张掖至幽州。饥食首阳薇,渴饮易水流"(《拟古》)。

这就是他的早年:家道中落了,自己也受过一些穷困,政局也有些动荡,然而究竟处在单纯的田园环境中,爱爱琴书,欣赏欣赏自然,在儒家思想的约束之中,偶尔有些不切实际的所谓"壮志",大体是快乐的。

四　十二年的矛盾生活的开始

二十九岁开始了他的第二期生活。这一期生活虽然只有十二年,但却是他经验最丰富的十二年,对他后期思想的形成有着决定意义的十二年。"忆我少壮时,无乐自欣豫"的那种快乐,"少时壮且厉","张掖至幽州"的那种豪气,也就在这十二年中消磨掉了,奔波劳碌,蒿目时艰,让他变成另一个人了。

二十九岁这一年,离开了他的田园,做了小官。原因呢,是由于穷困,耕种不能维持生活。这是由他诗里看出来的:

> 畴昔苦长饥,投耒去学仕,
> 将养不得节,冻馁固缠己,
> 是时向立年,志意多所耻。
>
> ——《饮酒》二十首,其十九

三十岁左右是他生活上的一个分水岭,这也是在他的其他诗中所常见的:

> 闲居三十载,遂与尘事冥。
> 诗书敦宿好,林园无世情。
> 如何舍此去,遥遥至西荆!
> 叩枻新秋月,临流别友生。

凉风起将夕,夜景湛虚明。

昭昭天宇阔,晶晶川上平。

怀役不遑寐,中宵尚孤征。

商歌非吾事,依依在耦耕。

投冠旋旧墟,不为好爵萦。

养真衡门下,庶以善自名。

——《辛丑岁七月赴假还江陵夜行涂口》

少无适俗韵,性本爱丘山。

误落尘网中,一去三十年④。

羁鸟恋旧林,池鱼思故渊。

开荒南野际,守拙归园田。

方宅十余亩,草屋八九间。

榆柳荫后檐,桃李罗堂前。

暧暧远人村,依依墟里烟;

狗吠深巷中,鸡鸣桑树颠。

户庭无尘杂,虚室有余闲。

久在樊笼里,复得返自然。

——《归园田居》五首,其一

这都可以和"投耒去学仕"的时间是"是时向立年"相印证。这个时间算不算早呢?就那时一般的情形论,是不算早而算很迟的。《世说新语·赏誉篇》王汝南既除所生服条,记王湛年二十八始宦,这就是说他晚宦的意思。陶渊明却在二十九岁始投耒学仕,那就更迟了。这说明他的出仕一方面是少凭借,同时是勉强的。果然在《饮酒》诗"是时向立年,志意多所耻"下面就接着说,"遂尽介然分,拂衣归田里",正是刚一出仕,又觉得不对劲儿,便退回来了。这一年是太元十八年癸巳(公元三九三年),这时谢安已经死了八年,谢玄死了五年,谢氏的实力已经不复存在,谢玄所培植的北府兵力,就是打败过符坚的,已渐渐由谢玄的部下刘牢之所掌握,同时桓玄的力量也已经起来。晋室这时是更腐朽了,晋孝武帝(司马昌明)本来还有些作为,后来溺于酒色,执政的琅琊王道子也是酒鬼,他们又崇尚佛教,奢侈浪费,范宁在这时就会说,"今并兼之家,亦多不赡",可见连大土豪大地主都穷了,老百姓更不用说。这就是那时候的情形。陶渊明的穷困,大概也就是那个整个民生凋敝的情况的一部分。他这时因穷而仕,却又因不高兴而退了的官名是江州祭酒。

他最初的出仕,可能是向人恳求过。(他后来当彭泽令时,在未到手前不是曾"求之靡涂"么?)由那种"畴昔苦长饥"的情况以及仕宦之迟,也可想象得到。因此,我们有理由说《乞食》一诗可能就是写这种事:

> 饥来驱我去,不知竟何之;
> 行行至斯里,叩门拙言词。
> 主人解余意,遗赠岂虚来。
> 谈谐终日夕,觞至辄倾杯;

情欣新知欢,兴咏遂赋诗。

感子漂母惠,愧我非韩才;

衔戢知何谢,冥报以相贻。

倘若认为是真的去讨饭,那就太可笑了。

江州祭酒既没做了多少时候,就"拂衣归田里",又不知道隔了一二年还是当年,州里又请他当主簿,但他却辞却了。像这种游移于进退之间,轮替在耕种和仕宦之中的生活,也便是他十二年中矛盾生活的一贯的情形。

现在陶集中最早的作品,除了《命子》诗之外,我们觉得也许就是《和郭主簿》了。这诗一共有二首,其一说:

蔼蔼堂前林,中夏贮清阴;

凯风因时来,回飙开我襟。

息交游闲业,卧起弄书琴。

园蔬有余滋,旧谷犹储今;

营己良有极,过足非所钦。

春秫作美酒,酒熟吾自斟。

弱子戏我侧,学语未成音。

此事真复乐,聊用忘华簪。

遥遥望白云,怀古一何深。

我们从《责子》诗中的"阿舒已二八"推测大概那首诗作于三十六七岁以后,其中的幼子阿通九岁(一本作六岁),现在这

43

首诗说"学语未成音"则是两三岁的光景,亦即《责子》诗前六七年(或三四年)作,那就是在三十岁(或三十三四岁)时作。假若不是指他的最幼子,那这诗的年代,就可更早。(如果指他的长子,那就可能在二十三四岁作)。"聊用忘华簪",是很像初辞祭酒主簿时的心情的。

五　矛盾的继续

　　二十九岁以后，陶渊明又在家里过了多久的田园生活，我们也知道得不确切。至少在他三十六岁那年以前，即晋安帝(司马德宗)隆安四年庚子(公元四〇〇年)以前，他又出来做官了，是做了镇军参军。这一次的参军大概就是当刘牢之的参军，这是从《始作镇军参军经曲阿作》一诗的诗题中的"经曲阿"，和《庚子岁五月中从都还阻风于规林》一诗的诗题中的"从都还"推测而知的。曲阿是丹阳，正是北府军所在的京口附近，刘牢之这时正镇京口。刘牢之另外的参军还有刘袭、张畅之和刘裕等。最可注意的，是刘裕这时和陶渊明同事，因此陶渊明必对刘裕知其为人，后来刘裕得势后不愿出仕，这恐怕也是原因之一了。陶渊明这时的心情是怎样呢？一出仕，就又矛盾了，马上想抽身。《始作镇军参军经曲阿作》一诗就是说明：

　　　　　　　弱龄寄事外，委怀在琴书。

　　　　　　　被褐欣自得，屡空常晏如。

　　　　　　　时来苟冥会，宛辔憩通衢；

　　　　　　　投策命晨装，暂与园田疏。

　　　　　　　眇眇孤舟逝，绵绵归思纡。

　　　　　　　我行岂不遥，登陟千里余。

　　　　　　　目倦川涂异，心念山泽居。

> 望云惭高鸟,临水愧游鱼。
>
> 真想初在襟,谁谓形迹拘?
>
> 聊且凭化迁,终返班生庐。

他原来仍然眷念他的田园,所以说"暂与园田疏"。一种拘束和倒霉的感觉,显著地流露在他的字里行间。从诗中的口气看,确乎是初次远行的光景。他那"望云惭高鸟,临水愧游鱼"的想法,以及"聊且凭化迁,终返班生庐"的打算,就恰是后来《归去来兮辞》中的主题。这像一个主要的旋律一样,是时刻回荡在他的内心生活中的。

《经曲阿》一诗因为诗题中没有年代,而刘裕曾在元兴三年甲辰(公元四〇四年)有镇军将军的称号,东晋自郗愔后到这时以前又没有别人也有此称号的记载,所以很容易推定此诗为元兴三年,即陶渊明四十岁时作。但我们不那样想,这倒不是因为陶渊明"岂从裕辟者",而是因为:陶渊明在四十一岁时有《乙巳岁三月为建威参军使都经钱溪》诗,其中有"我不践斯境,岁月好已积"的话,那就应该是好久没有走这条路的了,否则如果前一年即经曲阿,即在建康附近,而那一年陶渊明又家居除丧不久,不会不是由家到浔阳至京,经过钱溪的,那就不能说"岁月好已积"了。镇军可能有别的解释,也许是如陶澍所说就是刘牢之所任的前将军正镇卫军的省文,或是镇北将军的意思,也可能是有错字,更可能刘牢之实曾称过镇军,不过历史失载罢了。在史料不足时,我们还不能把这诗推后,作为他曾给刘裕当过参军的证据。但不管怎样,确切的是他在三十六岁那年是很急切地盼着回家了：

行行循归路，计日望旧居。

一欣侍温颜，再喜见友于。

鼓棹路崎岖，指景限西隅。

江山岂不险，归子念前途。

凯风负我心，戢枻守穷湖。

高莽眇无界，夏木独森疏。

谁言客舟远，近瞻百里余。

延目识南岭，空叹将焉如！

自古叹行役，我今始知之！

山川一何旷，巽坎难与期。

崩浪聒天响，长风无息时。

久游恋所生，如何淹在兹。

静念园林好，人间良可辞！

当年讵有几，纵心复何疑。

——《庚子岁五月中从都还阻风于规林》二首

他挂念的是母亲，挂念的是兄弟，是园林，是旧居，是他熟悉的庐山；他计算着要到家的时间，他留心着还有多少路程，就是快到了，他也还急切地有着可望不可即的焦灼之感；他一定接触过不少不满意的事情，也一定受过不少的委屈——这和他爱好自由的性格是十分枘凿的，所以他感到"人间良可辞"，"纵心复何疑"了。因为他这时正三十六岁，也就是壮年，所以有"当年讵有几"的话。

他急于回到园林，急于获得自由，这是确切的。但他这次究竟担任了什么职务，经过了多少时间，仍是难以捉摸的。但从"久游恋所生"看起来，却似乎时间相当长。也许从他二十九岁初仕回家以后，就在家里没住了多少时候吧。

这一年前后的情势，需要在这里说明一下。在陶渊明回家的前一年，即隆安三年己亥（公元三九九年），陶渊明三十五岁的时候，那年十月天师道徒孙恩开始在浙江一带起义，爆发点是由于一些被解放了的奴隶又被征兵⑤，而基本原因当是由于老百姓受不了当时的剥削和压迫。这一次起义的规模是大的，只有十几天的工夫，就有数十万人响应，不久就攻占了八郡。贪官污吏，很杀了些。眼看就要进攻京师了，建康一带都戒了严。后来刘牢之出来镇压，才把孙恩打败，这次刘牢之部下特别出力的便是刘裕。这也就是刘裕初露头角的时候。孙恩败退了，暂时率领二十多万人，逃到海上。刘牢之所带的官兵，却大肆房掠，就是在统治阶级的历史书上也记道："牢之等纵军士暴掠，士民失望，郡县城中无复人迹，月余，乃稍有还者。"⑥东南一带的人民是遭了浩劫。陶渊明如果参加了刘牢之的军府，他可能也是随着这一次行军的。他的《饮酒》诗第十首：

> 在昔曾远游，直至东海隅。
> 道路迥且长，风波阻中途。

此行谁使然？似为饥所驱。

倾身营一饱，少许便有余。

恐此非名计，息驾归闲居。

可能就是指的这一役。孙恩正是和官军战于"东海隅"。陶渊明是一个有良心的诗人，他不会赞成刘牢之、刘裕等人的行为，他也不会不感到和老百姓所拥护的孙恩作战是心中不安的，所以他只好自己安慰自己说是"似为饥所驱"，然而他已经有了"息驾归闲居"的打算。这样我们就可更加明了他在次年归家时那样喜悦的心情的缘故了。

孙恩的战事在东南，在江浙一带，这是一方面。再说长江上游的情形。差不多和孙恩起兵的同时，桓玄把晋朝用为牵制的杨佺期、殷仲堪消灭了，统一了荆州一带的兵力，占据着江陵。他也跃跃欲试，想率兵东下。

六 桓玄政变时期的陶渊明

陶渊明既不满意于刘牢之、刘裕等,大概在三十六岁那年的五月回家以后,由于还是不能靠田园自给的吧,于是转而寄希望于桓玄。他崇拜的外祖孟嘉既曾给桓温做过长史,当时一般名流如顾恺之等又都是为桓温、桓玄所接待的,他选择于荒淫微弱的晋室、跋扈粗鲁的刘牢之、刘裕和有着新气象并爱待文士的桓玄之间,而终于倾向桓玄,这是十分合情合理的。

他大概参加建立了桓玄的新政治中心——江陵。他什么时候去的?大概在他三十六岁那年的冬天到三十七岁那年的春天之间。去过以后,却也未必满意,于是曾经请假回家。在他三十七岁那年的七月,就有他销假⑦还江陵的一首诗;让我们再重读一下罢:

> 闲居三十载,遂与尘事冥。
> 诗书敦宿好,林园无世情。
> 如何舍此去,遥遥至西荆!
> 叩枻新秋月,临流别友生。
> 凉风起将夕,夜景湛虚明。
> 昭昭天宇阔,晶晶川上平。
> 怀役不遑寐,中宵尚孤征。
> 商歌非吾事,依依在耦耕。

投冠旋旧墟，不为好爵萦。

养真衡门下，庶以善自名。

——《辛丑岁七月赴假还江陵夜行涂口》

辛丑是晋隆安五年，公元四〇一年，正是陶渊明三十七岁。由他的销假，推知他请假，并推知他曾仕于桓玄。叶梦得就有这样的推断："荆州刺史自隆安三年桓玄袭杀殷仲堪，即代其任，至于篡，未授别人，渊明之行在五年，岂尝仕于玄耶？"⑧我们认为这个推断是对的。

这一年，孙恩经过几次的屡退屡进，在六月曾经又逼近建康，几乎占了京城。结果仍是被刘裕打退了。桓玄就利用机会，曾借口也要东下讨孙恩，孙恩败了，他才没有发动。那正是陶渊明请假在家的时候。从《还江陵》一诗看，和以前相似，他同样有矛盾的心情。他想到林园，他想到诗书，并想到还是种田好。他不愿意像宁戚那样向齐桓公求仕，他自己问自己："如何舍此去，遥遥至西荆？"中间也隐然有"似为饥所驱"的答案在。诗人的陶渊明，对当时的局面是有些迷惑的，他有所希望，但也有所怀疑，于是他矛盾了。他虽然还江陵，可是又拿定主意，"投冠旋旧墟"，要退了。

在他还江陵的这一年，桓玄的势力是更大了，他自认为已经有了晋国的三分之二。晋国的当局也就计划声讨，最初想派刘牢之去，但刘牢之吓得没敢去。

第二年，即元兴元年壬寅，公元四〇二年。正月里，晋室正式讨玄，桓玄也就开始军事行动。到这一年的三月，桓玄胜

51

利地打到建康。刘牢之先是投降了,但后来又想反对桓玄,终又疑惑谋泄,因而自杀。这时桓玄改元大亨,掌握了大权。刘牢之北府的旧将很多被桓玄杀掉了,刘裕却受了桓玄的任命为抚军中兵参军。孙恩在这一年战败,投海而死,他的余部由他的妹夫卢循继续率领着战斗。由于战争的关系,东南一带,特别穷困,"三吴大饥,户口减半,会稽减什三四,临海、永嘉殆尽,富室皆衣罗纨,怀金玉,闭门相守饿死"⑨。老百姓的痛苦,就更可想了。

陶渊明自去年还江陵后,不知道在江陵停留多久,但不会超过两年。因他是三十七岁那年回去的,三十九岁那年的正月就有《始春怀古田舍》诗,看口气,已是又回到浔阳故居了。他在江陵的期间,母亲亡故了。这是由《祭程氏妹文》中所谓"昔在江陵,重罹天罚"推知的。他的庶母死在他十二岁,他的父亲死在他作《命子》诗的时候,这一次指的应该是他的生母,孟嘉的女儿。

再从《祭程氏妹文》"兄弟索居,乖隔楚越,伊我与尔,百哀是切,黯黯高云,萧萧冬月"看,可知他兄弟仍在浔阳,而母亲是死在冬天的。很可能他是在母亲死后,即赶回浔阳的。照中国古人三年守丧的习惯,他既在乙巳岁三月为建威参军,乙巳是公元四〇五年,他的母亲应死在四〇二年以前,所以,应该就是四〇一年,因为这一年他才在江陵。这样看来,他可能在三十七岁那年七月还江陵后,即于当年冬天回浔阳了。这也就是说,他还没来得及随着桓玄在次年三月的东进。当桓玄的一幕政变正式揭开时,陶渊明是在居丧中。

桓玄在元兴二年(即大亨二年)癸卯(公元四〇三年)十一月,接受晋国的"禅让",十二月即皇帝位,国号楚,改元永始。晋安帝改称为平固王,被迁在浔阳。陶渊明这时居丧,过他的田园生活。这一年的正月有《癸卯岁始春怀古田舍》诗二首:

在昔闻南亩,当年竟未践。

屡空既有人,春兴岂自免。

夙晨装吾驾,启涂情已缅。

鸟哗欢新节,冷风送馀善。

寒竹破荒蹊,地为罕人远。

是以植杖翁,悠然不复返。

即理愧通识,所保讵乃浅。

——其一

先师有遗训,"忧道不忧贫"。

瞻望邈难逮,转欲志长勤。

秉耒欢时务,解颜劝农人。

平畴交远风,良苗亦怀新。

虽未量岁功,即事多所欣。

耕种有时息,行者无问津。

日入相与归,壶浆劳近邻。

长吟掩柴门,聊为陇亩民。

——其二

53

　　这时是他经过了一些风波，体味了一些忧患以后所写的诗了，他想想自己所受的儒家的教育，比照比照自己的遭遇，他得出了这样的结论：只有像长沮、桀溺那样的耦耕，才是自己心安理得的出路。他看到那些纷扰不定，觉悟出"耕种有时息，行者无问津"；他厌倦那种"为饥所驱"的仕宦生活，他也怕战乱，能耕耕地已经不错了，"聊为陇亩民"吧。

　　他为自己的生活已找到理论的根据，于是就想把那种思想传播出去。他另作有《劝农》一诗，大概就是这里所谓"解颜劝农人"的实践：

　　　　　　悠悠上古，厥初生民。

　　　　　　傲然自足，抱朴含真。

　　　　　　智巧既萌，资待靡因。

　　　　　　谁其赡之，实赖哲人。

　　　　　　　　　　　　　　　——其一

　　　　　　哲人伊何？时维后稷。

　　　　　　赡之伊何？实曰播植。

　　　　　　舜既躬耕，禹亦稼穑。

　　　　　　远若周典，八政始食。

　　　　　　　　　　　　　　　——其二

　　　　　　熙熙令德，猗猗原陆。

卉木繁荣,和风清穆。

纷纷士女,趋时竞逐。

桑妇宵兴,农夫野宿。

——其三

气节易过,和泽难久,

冀缺携俪,沮溺结耦。

相彼贤达,犹勤陇亩。

矧兹众庶,曳裾拱手!

——其四

民生在勤,勤则不匮,

宴安自逸,岁暮奚冀!

儋石不储,饥寒交至。

顾尔[10]俦列,能不怀愧!

——其五

孔耽道德,樊须是鄙。

董乐琴书,田园不履。

若能超然,投迹高轨,

敢不敛衽,敬赞德美。

——其六

在这里有他自己的生活经验,例如"儋石不储,饥寒交至"就是;有他自己的理想的归趋,所谓"沮溺结耦"就是;但也有他不得已而求其次的感觉,因而还是把孔子、董仲舒放在第一位——这也正说明他自己的教养和身份。所以他虽躬耕,但这时是和农民有着距离的。这距离在日后才逐渐缩短着。

同年十二月他作有《与从弟敬远》一诗:

> 寝迹衡门下,邈与世相绝,
> 顾眄莫谁知,荆门昼常闭。
> 凄凄岁暮风,翳翳经日雪,
> 倾耳无希声,在目皓已洁。
> 劲气侵襟袖,箪瓢谢屡设,
> 萧索空宇中,了无一可悦。
> 历览千载书,时时见遗烈,
> 高操非所攀,深得固穷节。
> 平津苟不由,栖迟讵为拙?
> 寄意一言外,兹契谁能别?
>
> ——《癸卯岁十二月中作与从弟敬远》

诗里说明他本不想学公孙弘那样做大官,不如就隐退了吧。同时这一年桓玄又玩过制造隐士的把戏:他给皇甫希之钱让他隐在山林里,又再征为著作郎,却请他不要就,然后再下诏称为"高士"。当时被人也看穿了,就叫作"充隐"。陶渊明所谓"高操非所攀",也可能就是讽刺这类事情的。⑪

从陶渊明在八年后所写的《祭从弟敬远文》看,敬远死时

"年甫过立",那就是三十一二岁光景,这时却不过二十三四岁。他是一个纯粹的道家,"遥遥帝乡,爰感奇心,……晨采上药,夕闲素琴",和陶渊明兼有儒家教养的自不相同。那祭文中又说:"念彼昔日,同房之欢,冬无缊葛,夏渴瓢箪。相将以道,相开以颜。岂不多乏,忽忘饥寒。余尝学仕,缠绵人事,流浪无成,愧负素志。敛策归来,尔知我意,常愿携手,寘彼众议。每忆有秋,我将其刈,与汝偕行,舫舟同济。"可知他俩正是这时躬耕的良伴,以往又曾一块受过饥寒。他俩是同祖父的,母亲又是姊妹,"父则同生,母则从母",是堂兄弟,又是表兄弟。陶渊明在《庚子岁五月中从都还阻风于规林》一诗中所谓"一欣侍温颜,再喜见友于","友于"应该主要就是指这位敬远了。

陶渊明在三十九岁这一年,就是在这样"寝迹衡门下,邈与世相绝"中度过的。《饮酒》诗的一部分即作于此时。明显的是第十六首:

> 少年罕人事,游好在六经。
> 行行向不惑,淹留遂无成。
> 竟抱固穷节,饥寒饱所更。
> 敝庐交悲风,荒草没前庭;
> 披褐守长夜,晨鸡不肯鸣。
> 孟公不在兹,终以翳吾情。

孟公是汉时陈遵,饮酒时常是宾客满堂,喝个痛快的。陶渊明的饮酒却是寂寞的,孤独的,正如《与从弟敬远》诗中所说,"萧索空宇中,了无一可悦"。所以说,"孟公不在兹,终以翳吾情"。

陶渊明的《责子》诗也大概作于这一时期。那诗的原文是:

> 白发被两鬓,肌肤不复实。
>
> 虽有五男儿,总不好纸笔。
>
> 阿舒已二八,懒惰故无匹。
>
> 阿宣行志学,而不爱文术,
>
> 雍端年十三,不识六与七。
>
> 通子垂九龄,但觅梨与栗。
>
> 天运苟如此,且进杯中物!

大孩子十六岁,以中国人过去的习惯二十岁左右结婚论,当是在陶渊明三十六七岁以后了。他的身体是那样早就衰老着,"白发被两鬓,肌肤不复实";他的心情又是那样荒凉,"天运苟如此,且进杯中物";而写这样的充满着慈父之爱的诗的时候又必是被顽皮的孩子们围绕着的家居期间;那么,只有在这居丧时期了。至于居丧期间是不是可以饮酒,我们想陶渊明大概是不在乎的,因为《饮酒》诗大部分还不是写在居丧期间么?只要"闲居寡欢,兼比夜已长",大概是无不痛饮的了。

陶渊明居丧的第四年,四十岁了。这时是桓玄到了建康的第三年,也是桓玄建国后的第二年,依照桓玄的纪年应该是永始二年,亦即晋安帝元兴三年甲辰(公元四〇四年)。这一年二月刘裕起兵讨玄,三月就占了建康。桓玄退到浔阳,四月把晋安帝带到江陵,又建都于江陵。五月桓玄战败被杀。但此后桓玄的侄子桓振又占据江陵,第二年春天才完全崩溃。浔阳也有好几度的争夺。晋安帝也是在第二年才又回到建康的。桓氏余党,一直到六年(公元四一一年)以后,才完全消灭。

虽然桓玄的建国只有两年(公元四〇三年—四〇四年),他之掌握全国政权也只有三年(公元四〇二年—四〇四年),但已足以说明晋室的虽存若亡了。所以后来晋恭帝又被"禅位"给刘裕时,便说:"桓玄之时,天命已改,重为刘公所延,将二十载,今日之事,本所甘心。"⑫

这样一个使晋恭帝感到"天命已改"的人物是什么样的人呢?我们对于桓玄不能不简单介绍几句。桓玄是桓温的孽子。他很想继承桓温的事业。桓温曾经平蜀(公元三四七年),曾经与苻秦战于蓝田而获大胜(公元三五四年)。"灭胡取蜀"本是当时的两大问题,那个推荐桓温的人庾翼就曾"以灭胡取蜀为己任"⑬,现在桓温已经解决其一,而另一问题也算表演了一手,让长安附近的老百姓都争着来劳军,年老的人甚而有哭泣的,说"不图今日复睹官军"⑭,这都是极大的功劳。桓温又曾多次提议迁都洛阳,这也是很有眼光和气魄的,如果实行了,偏安的局面或者可以早日打开。桓温在当时的势力是大的,已掌握了全国实权,如果不是因为伐燕失败(公元

59

三六九年),他就可以请晋国"禅让"给自己的。当时的人才几乎全集中在桓温之手,只是有些人不同他合作,文人尤其反对他迁都洛阳的意见,以为冒险,例如孙绰就说他"舍百胜之长理,举天下而一掷"。加之他自己又是那样典型的个人英雄主义的人物,曾说:"男子不能流芳百世,亦当遗臭万年。"所以也就不可能有更大的成就。然而就是这样,已经够桓玄羡慕的了。桓温死于公元三七三年,时桓玄五岁,陶渊明九岁。桓玄是有才干的,因为怕他,晋室不敢给他什么事做。他开始有势力的时候,是二十三岁,代殷仲堪而占有江陵的时候是三十一岁。他入京的时候年三十四,失败而死时才三十六岁。就他的豪气论,有些像项羽。但他又有些书呆子气,又像王莽。他爱艺术,能写作,也擅长清谈。他到了京师的时候,曾想北伐,便先做了一些小船,要把字画运走,别人问他,他说:"兵凶战危,脱有意外,当使轻而易运。"⑮他曾骗取过顾恺之的画,顾恺之把一厨画寄存在他那里,他从厨后取走,而厨前原封未动,却告诉顾恺之说画已登仙,逢巧顾恺之也是一个画痴,竟信以为真。⑯别人有好字画,他常用赌博的手段赢过来。他失败后,由浔阳败退江陵,在路上就忙着写《起居注》,写成了,就忙着"宣示远近",连商量军事也丢下。在这些方面看,他是一个可笑的人物。然而同时也看出他是如何与文人接近的人物。事实上,当时一般文人也多半集中在桓温、桓玄父子底下,例如孟嘉、袁宏、伏滔、罗含、顾恺之等都是。当桓温死后,顾恺之曾去哭墓,有诗道:"山崩溟海竭,鱼鸟将何依?"别人问他哭的样子,他说:"声如震雷破山,泪如倾河注海。"可见桓温是这样获得了这位大艺术家的友情。桓温和桓玄又都是所谓叛逆的人物，立国既短，就不免在历史书中保留一些他的胜利的政敌的诬蔑，然而桓温主张迁洛的远见，桓玄对艺术的爱好，他们对文人的爱重，都还是看得出的。因此，陶渊明如果选择于司马、桓、刘之间，而倾向桓氏，是一点也不奇怪的了。

桓玄的失败，陶渊明是一定会很惋惜的。他的《拟古》诗最后一首这样说：

> 种桑长江边，三年望当采；
> 枝条始欲茂，忽值山河改。
> 柯叶自摧折，根株浮沧海；
> 春蚕既无食，寒衣欲谁待！
> 本不植高原，今日复何悔。

此中有"忽值山河改"一语，可知必为政治诗无疑。它的意义有很多可能，或指孙恩，或指收复失地，或指桓玄。黄文焕则说是指恭帝。[17]我们却认为惋惜桓玄的可能为最大。"种桑长江边"是说桓玄的政权建自江陵，"三年望当采"正是指桓玄从入京到失败之年，"忽值山河改"是指刘裕把桓玄消灭了。"本不植高原"是说桓玄的建国太鲁莽，不够稳固。总之，这是指一个倏起倏灭的政权，本来还给人们带来一些希望的，但基础不稳，两三年失败了，于是人们像靠桑叶吃食的蚕一样，桑树完了，蚕也有绝粮之虞了。这只有桓玄的政权是符合的。

61

　　桓玄失败的这一年,陶渊明年四十。人在四十岁的时候,大概是容易反省过去、思索未来的吧。因为,这时的社会经验也丰富了,已得到一些便于作出结论的材料;况且"人生七十古来稀",到了四十岁,也就是走了一多半,因而在情感上也就容易触动瞻前顾后的念头;加上古人"四十而不惑",在熟读古书的人无异于先有一个这是临于思想成熟的阶段的暗示;假如就陶渊明论,他这时又是饱经世变和风波的,住的地方浔阳更是此出彼入的争夺之地, 当然就更容易有所感发了。《荣木》,就是这样的理智的反省的诗:

　　荣木,念将老也。日月推迁,已复有夏;总角闻道,白首无成。

采采荣木,结根于兹。
晨耀其华,夕已丧之。
人生若寄,憔悴有时;
静言孔念,中心怅而。

采采荣木,于兹托根。
繁华朝起,慨暮不存。
贞脆由人,祸福无门。
匪道曷依,匪善奚敦!

嗟予小子,禀兹固陋。

徂年既流,业不增旧。

志彼不舍,安此日富。

我之怀矣,怛焉内疚。

先师遗训,余岂云坠!

四十无闻,斯不足畏。

脂我名车,策我名骥,

千里虽遥,孰敢不至!

从这首诗看出他早年所受的儒家思想之深以及他这时依然有努力的决心。"贞脆由人,祸福无门",却是对时代的感触了。桓玄被杀于五月,他的诗作于"已复有夏",其中有这个时代中政权的变换的深刻印象在!

还有《连雨独饮》一诗,也应该作于这时:

运生会归尽,终古谓之然。

世间有松乔,于今定何间。

故老赠余酒,乃言饮得仙。

试酌百情远,重觞忽忘天。

天岂去此哉,任真无所先。

云鹤有奇翼,八表须臾还。

自我抱兹独,僶俛四十年。

形骸久已化,心在复何言。

63

这首诗中的"运生会归尽",也就是《荣木》篇中的"人生若寄,憔悴有时"的同样感觉。《连雨独饮》的诗题也和《饮酒》序中所说"顾影独尽,忽焉复醉"有些相似,这就转证《饮酒》的一部分正作于同时。像《饮酒》的第一首,"衰荣无定在,彼此更共之",那主题是尤其相近了。

七　最后的摇摆——《归去来兮辞》的创作动机的分析

陶渊明动荡于仕与隐之间,这个振幅的摆动最后是停止在四十一岁了。但在摆动停止之前,不知道是这一年的春天还是前一年的冬天,他又当过建威将军刘敬宣的参军。刘敬宣是刘牢之的儿子,在前一年三月为江州刺史,镇浔阳。陶渊明大概因为就在本乡本土,兼以和北府的旧将也许有些交情(如果他庚子年——三十六岁——在都或经都就是参与北府的话),而又出仕了。四十一岁这一年(义熙元年乙巳,公元四〇五年)的三月,他有《乙巳岁三月为建威参军使都经钱溪》诗:

> 我不践斯境,岁月好已积。
> 晨夕看山川,事事悉如昔。
> 微雨洗高林,清飙矫云翮;
> 眷彼品物存,义风都未隔。
> 伊余何为者?勉励从兹役;
> 一形似有制,素襟不可易。
> 园田日梦想,安得久离析?
> 终怀在归舟,谅哉宜霜柏。

钱溪即安徽长江南岸贵池县东北的梅根港,是由浔阳至建康必经之路。这个地方差不多是全路程的中点。他已经很多年

65

没到这地方了，所以说"我不践斯境，岁月好已积"，可证明他不曾在上一年给刘裕当过镇军参军。也许自他三十六岁五月从建康回来后到现在四十一岁，六年间就没再经过长江下游。由于经过了桓玄一役的战争，人事上的变化可说是大极了，于是就反而显出自然景物和一般老百姓照常操作的似乎永恒来，"晨夕看山川，事事悉如昔"，"眷彼品物存，义风都未隔"。他自己呢，动荡于仕与耕之间，已十二年了，中间有那样多的奔波：几度使都、还家、东海隅、江陵，他倦了，也看透了，他的退下来的决心于是大起来，他对田园的留恋也强起来，这就是他发出"一形似有制，素襟不可易。园田日梦想，安得久离析"的呼声的缘故。可知此行是勉强又勉强的，离他真正退休的时候是更近了。就在使都的三月，刘敬宣因为和刘裕部下的将领刘毅不合，辞了江州刺史的职。有人说陶渊明这一次使都就是为了呈送刘敬宣的辞表的⑱，我们认为这是合理的推测。跟着刘敬宣辞职，大概陶渊明也就退休了。

《经钱溪》一诗是写他重到建康时的途中所见所感，到了建康就有《还旧居》一诗：

畴昔家(一作居)上京，六载去还归。

今日始复来，恻怆多所悲。
阡陌不移旧，邑屋或时非。
履历周故居，邻老罕复遗。
步步寻往迹，有处特依依。

流幻百年中,寒暑日相推。

常恐大化尽,气力不及衰。

拨置且莫念,一觞聊可挥。

有许多人认为"上京"不是建康而是浔阳附近的一个地名。^⑲
但我们认为这个"上京",正是当时京都建康,理由是:第一,
集中另一处说"上京"确指建康,即《答庞参军》中所说,"大藩
有命,作使上京",不会同一"上京"而指二地。第二,就陶渊明
所去过的地方论,除了建康以外,是再没有适合"六载去还
归"的条件的。六又作十,但"十年去还归"的地方就更没有
了。或者有人认为"六载去还归"是指六年中常来常往的意
思,那样是可以把"上京"解作浔阳附近的,但下文明明说"今
日始复来",决不像六年中常往常来的地方,诗意乃是说六年
前离开六年后又归来。第三,就诗中"阡陌不移旧,邑屋或时
非"看,乃是前所未经的情况,这绝不是浔阳,因为大乱时,陶
渊明在家守丧,对浔阳的乱况是熟悉的。第四,这首诗也不会
早年还浔阳时作,因为其中有"常恐大化尽,气力不及衰"的
话,一定是靠后些才合适。第五,这首诗是在编年诗的一系列
中,恰在《经钱溪》一首之后,相传的本子必定依时间先后。例
如《始作镇军参军经曲阿作》一诗在《庚子岁五月中从都还阻
风于规林》一诗之前,已证明那诗中的事实也确在庚子岁之
前了。反复地考虑,这首诗就是这一年使都时的所见。建康在
大乱之后,残破特甚,所以"恻怆多所悲","邻老罕复遗"的情
况,也是符合于历史上所记前一年(公元四〇四年)时:"是岁

67

晋民避乱襁负之淮北者道路相属"㉔的。至于一般人所以怀疑
"上京"不是京都,那只是因为觉得陶渊明不见得曾经居京,
而且《庚子岁从都还》一诗又说"一欣侍温颜",以为见老母既
仍在浔阳,于是推断陶渊明便未必在京安家了。其实陶渊明
常常不带家眷去做官的,萧统《陶渊明传》上,就说他当彭泽
令时"不以家累自随",他到江陵时,母亲也是未必跟去,而死
在浔阳的;况且《庚子岁阻风于规林》一诗,题中明说从都还,
可知不只是经过,他曾居京是无疑的。退一步说,"畴昔家上
京"的"家"字,一本作"居",和题目还旧居也符合,那就是他
到了京都,重看看自己住过的地方,又并非指定是老家,也有
何不可?

　　当他到了建康的时候,一方面感到残破,感到人生的虚
无,有百年流幻的慨叹;一方面看到桓玄一系的人物逐渐被
杀掉,刘牢之一系的旧人也慢慢被排斥,同时一些新贵出来,
弹冠相庆,自己呢,看不顺眼,和周围的空气非常不调和,于
是有了被遗弃的牢骚,但又自己解嘲似的说,"拨置且莫念,
一觞聊可挥。"这就是他当时的心情。

　　在这种心情中,大概不久,陶渊明就赌气回家了。

　　但就在这一年的秋天,他又出来做了彭泽令,这是他最
后一次的出仕,也是他最后一次的耕与仕之间的摇摆。经济
压迫的痛苦,使他常常不能安于园田;要求自由的个性,又每
每唤他脱离仕宦的樊笼:

　　余家贫,耕植不足以自给;幼稚盈室,瓶无储粟,生

生所资,未见其术。亲故多劝余为长吏,脱然有怀,求之
靡途;会有四方之事,诸侯以惠爱为德,家叔以余贫苦,
遂见用于小邑。于是风波未静,心惮远役,彭泽去家百
里,公田之利,足以为酒,故便求之。及少日,眷然有归欤
之情。何则?质性自然,非矫厉所得;饥冻虽切,违已交
病。尝从人事,皆口腹自役;于是怅然慷慨,深愧平生之
志。犹望一稔,当敛裳宵逝;寻程氏妹丧于武昌,情在骏
奔,自免去职。仲秋至冬,在官八十余日。因事顺心,命篇
曰《归去来兮》;乙巳岁十一月也。

　　　　　　　　　　　　——《归去来兮辞·序》

这是他当彭泽令的经过的自白,这是绝好的史料。我们相信
所说都是真的,虽然还不完全。"饥冻虽切,违已交病",这确
乎是他出仕的原因以及他退休的原因。原来打算做一年,因
丧妹又缩短成为八十多天,不到三个月。可见本来也不想常
做下去的。但我们认为他说的还不完全,在不到二百字的短
序里本不能说得完全,在当时的政治环境下也不便于说得完
全,所以我们必须在他们所说的"违已交病"之外,作这样的
补充:在六七年到十年左右以前,他大概在刘牢之幕府中做
过事;在五年以前,他大概参加过桓玄的政权(当时还是地方
割据的性质);最近半年,又刚离开刘牢之的儿子刘敬宣的建
威参军。也就是,他可能曾同刘裕同过事,他可能参加过现在
为刘裕所消灭的桓玄系统,同时又沾染过一个受排斥的北府
旧人的僚佐的色彩,以这样的政治关系看,他不可能再出来

仕宦了！由于出身的关系，刘裕被一般士大夫瞧不起[21]，在他死后，曾发现这位开国皇帝保存着从前用的"葛灯笼麻绳拂"[22]，"耨耕之具"[23]，让他的子孙大惭[24]。这说明刘裕的出身不惟不是像王谢样的过江士族，而且也不像桓温、桓玄那样的江南土著的豪绅，却是亲手操作的农民，因此，这位出身虽然同样也不煊赫然而受有当时士族阶级教养很深的陶渊明，自然也要对刘裕加以鄙夷了。这样，无论在客观形势上，在主观意识上，陶渊明就绝没有可能出来仕宦了。仕宦与耕田之间的最后摆动，就因此停止了。

《归去来兮辞》是陶渊明的重要作品之一，就了解陶渊明本人的思想和生活论，那尤其有着头等重要的意义。首先，我们要记得，这是产生在桓玄失败的次一年的作品，这是这篇作品的政治性；其次，这是陶渊明最后一次出仕而归的作品，所以这篇作品在陶渊明的生活史上有着前一段的生活之总结性。最后，就陶渊明的一生论，那《归去来兮辞》中的主题更几乎是他所有的作品中的基本情调，所以，它又特别有着代表性。

作在陶渊明四十一岁的《归去来兮辞》，让我们回想起他在三十六岁时写的，"静念园林好，人间良可辞"，三十七岁时写的，"投冠旋旧墟，不为好爵萦"；以及不久前所写的，"园田日梦想，安得久离析"！甚而我们可以追溯到他二十九岁时刚一出仕时的心情，"遂尽介然分，拂衣归田里"。

他所称赞的疏广、疏受，也就正是自己的写照：

大象转四时,功成者自去。

借问衰周来,几人得其趣?

游目汉廷中,二疏复此举。

高啸返旧居,长揖储君傅;

饯送倾皇朝,华轩盈道路。

离别情所悲,余荣何足顾;

事胜感行人,贤哉岂常誉!

厌厌闾里欢,所营非近务;

促席延故老,挥觞道平素。

问金终寄心,清言晓未悟;

放意乐余年,遑恤身后虑。

谁云其人亡,久而道弥著!

——《咏二疏》

他虽然不曾"饯送倾皇朝",然而是一样"高啸返旧居"的。

他所歌咏的张仲蔚,也是他自己的影子:

仲蔚爱穷居,绕宅生蒿蓬,

翳然绝交游,赋诗颇能工。

举世无知者,止有一刘龚。

此士胡独然?实由罕所同;

介然安其业,所乐非穷通。

人事固以拙,聊得长相从。

——《咏贫士》,其六

张仲蔚同样和陶渊明似的"息交以绝游",张仲蔚同样和陶渊明似的"登东皋以舒啸,临清流而赋诗"呵。

自从陶渊明选定了自己的态度以后,就发现历史上不少的同调,除了张仲蔚外,可说《咏贫士》其他六首中所歌咏的都是在自己这个类型里。"重华去我久,贫士世相寻",任何时代都有这样一些贫穷知识分子。但此中特别和陶渊明相近的,则是"即日弃其官"的阮公和"一朝辞吏归"的黄子廉:

> 袁安困积雪,遰然不可干;
> 阮公见钱入,即日弃其官。
> 刍藁有常温,采莒足朝餐。
> 岂不实辛苦,所惧非饥寒。
> 贫富常交战,道胜无戚颜,
> 至德冠邦闾,清节映西关。
>
> ——《咏贫士》其五

> 昔有黄子廉,弹冠佐名州,
> 一朝辞吏归,清贫略难俦。
> 年饥感仁妻,泣涕向我流;
> "丈夫虽有志,固为儿女忧。"
> 惠好一晤叹,胝赠竟莫酬。
> 谁云固穷难? 遰哉此前修!
>
> ——《咏贫士》其七

他们同样有贫富交战的斗争过程,然而也同样胜利了。他像奏着凯歌似的坚定地说,"朝与仁义生,夕死复何求"!(《咏贫士》其四)

他那极其形象化的《归鸟》一诗,也就是"鸟倦飞而知还"的这个意象的扩大:

翼翼归鸟,晨去于林;
远之八表,近憩云岑。
和风不洽,翻翻求心。
顾俦相鸣,最庇清荫。

——其一

翼翼归鸟,载翔载飞。
虽不怀游,见林情依。
遇云颉颃,相鸣而归。
遐路诚悠,性爱无遗。

——其二

翼翼归鸟,相林徘徊,
岂思失路,欣及旧栖。
虽无昔侣,众声每谐。
日夕气清,悠然其怀。

——其三

73

翼翼归鸟,戢羽寒条。

游不旷林,宿则森标。

晨风清兴,好音时交。

矰缴奚施,已卷安劳!

——其四

当然,陶渊明还没有这样"顾俦相鸣"的幸运,因为他究竟孤独些。然而"欣及旧栖"却是实感,这里有"虽无昔侣"一语,大概是指陶渊明的一般旧友在政治变动中已经有些成为新贵了,又有"矰缴奚施,已卷安劳"二语,则是表示自己归来的得计,逃躲了危险的。这都是只要联系到当时司马、刘、桓之间的关系和陶渊明所沾染的政治色彩就很容易理解的。

《归去来兮辞》的实际思想,我们又不能只从"云无心以出岫,鸟倦飞而知还","聊乘化以归尽,乐夫天命复奚疑"这几句表面的话来把握。如果这样,陶渊明的出仕就未免太无意识了,他的归来也未免太单纯,单纯到一点矛盾也没有了。其实不然的。我们不要忘了,陶渊明是一个受有很浓厚的儒家思想影响的人,因而在他出仕乃是正常的,归来却是不得已的。正面表示这个态度的,就是他的《感士不遇赋》。"原百行之悠贵,莫为善之可娱,奉上天之成命,师圣人之遗书。发忠孝于君亲,生信义于乡闾",这才是本来的理想。"发忠孝于君亲",还不包括出仕么?这才是他正面的态度。只有看到像贾谊、董仲舒那样仕途的挫折,才"感哲人之无偶,泪淋浪以洒袂",于是"苍昊遐缅,人事无已,有感有昧,畴测其理"。这就是,有感于政局变动的迅速,刺激太深,才因而"宁固穷以济意,不委曲而累己"了。赋中说得最露骨的是这几句,"密网裁而鱼骇,宏罗制而鸟惊,彼达人之善觉,乃逃禄而归耕"。结尾的话也说得很明显,"既轩冕之非荣,岂缊袍之为耻? 诚谬会以取拙,且欣然而归止。拥孤襟以毕岁,谢良价于朝市"。我们试体会体会他那"感哲人之无偶,泪淋浪以洒袂"的情感,他哪里是"乐夫天命复奚疑"那样单纯呢? 假若我们把《感士不遇赋》和《归去来兮辞》会合起来读,一里一表,对陶渊明的真相就猜得十之八九了。

就晋室、桓玄、刘裕比,陶渊明宁倾向于桓玄(虽然也不完全满意),然而那已是过去了。现实是,刘裕得了势。因此,十二年的动荡摇摆,就告了结束。于是建立了他自己的更成熟的思想面目的二十二年耕种生活。"既自以心为形役,奚惆怅而独悲?……胡为乎遑遑欲何之?"这也就总结了他的十二年游游荡荡的心情。我们试再重读他那叙述这十二年的生活的诗吧:

畴昔苦长饥,投耒去学仕。

将养不得节,冻馁固缠己。

是时向立年,志意多所耻。

遂尽介然分,拂衣归田里;

冉冉星气流,亭亭复一纪。

世路廓悠悠,杨朱所以止。

虽无挥金事,浊酒聊可恃!

———《饮酒》,其十九

在"世与我而相遗,复驾言兮焉求"的幻灭的感觉中步入他的晚年!

八　步入二十二年的躬耕生活
——他的思想的成熟

　　自陶渊明四十一岁那年的冬天赋《归去来兮辞》以后,陶渊明的政治态度入于明确的时期,思想上也入于成熟的时期。这一年是义熙元年(公元四○五年)。是晋安帝借刘裕的力量又暂时维持名义上的皇帝的一年。十四年后晋安帝为刘裕绞杀,刘裕立了安帝的弟弟恭帝;又过了二年,恭帝也为刘裕用药酒毒死;自此至陶渊明死的七年,便已是刘宋的王朝了。在这二十二年中,刘裕在未得到帝位之前,是忙于制造取得帝位的条件,于是有北伐;在既得帝位之后,就屠杀一切认为可能不忠于自己的人,其中甚而包括一些曾经一同起兵讨桓玄的人。这时士族的势力已经消歇了;更新的军阀势力还没有形成;天师道徒的起义虽有十几年之久(公元三九九年—四一一年),而终于失败;北方的异族经过北伐后究竟收敛了些——这就使刘宋王朝又得到稳定的条件。这就是这二十二年中的社会基本情况。陶渊明呢,他认真地过了二十二年躬耕生活。以前他也在田园里生活过,但他是不安心的,因而有十二年的动摇矛盾,现在却死心了,再不做出仕之想。以前他虽然也过了躬耕的生活,但那是无意识的,现在却是意识的了;他这样做,而且也明白为什么要这样做。以前的躬耕,他自己究竟下多少劳力,也不免是疑问,换句话说,他已往的田园生活似乎是中小地主,现在却是劳力出得更多,对

77

劳动生活体会得更多,也就是,更近于一般的农民生活了,游移和坚定,无意识和意识,部分劳动和近于全部劳动,这是陶渊明后期和前期生活的不同处。也就是这样的生活基础,让我们有理由说陶渊明的晚年是更有了自己的独特面目的诗人,更成熟的诗人,更伟大的诗人了。

在陶渊明从彭泽令归来后,大概在第二年,也就是四十二岁,就有了《归园田居》五首。在这些诗里一方面总结了过去的生活,"少无适俗韵,性本爱丘山,误落尘网中,一去三十年";一方面道出了现在的快乐,"久在樊笼里,复得返自然";同时也写出了劳动生活的实践:

> 野外罕人事,穷巷寡轮鞅;
> 白日掩荆扉,虚室绝尘想。
> 时复墟曲中,披草共来往;
> 相见无杂言,但道桑麻长。
> 桑麻日已长,我土日已广。
> 常恐霜霰至,零落同草莽。
>
> ——其二

> 种豆南山下,草盛豆苗稀。
> 晨兴理荒秽,带月荷锄归。
> 道狭草木长,夕露沾我衣;
> 衣沾不足惜,但使愿无违。
>
> ——其三

夕露沾衣,带月荷锄,这是真正的劳动生活。随着桑麻日长,心志也日广,这是劳动生活的真正体会。虽然由于技术的不够熟练,草盛苗稀,不能算有很好的劳动成绩,然而比起刚回到田园时,"农夫告余以春及,将有事于西畴"那种旁观的意味来,是大大不同了。在三年前写的《怀古田舍》,虽然也在田园间生活,但是那种居高临下的态度还是不免的,这就是所谓"秉耒欢时务,解颜劝农人",现在却不同了,"相见无杂言,但道桑麻长","晨兴理荒秽,带月荷锄归",他参加在劳动之中,和一般农民的距离是在更加缩短着了——这就是他晚期生活的特征。

那大概形成于《归去来兮辞》写作时间前后的《饮酒》二十首,其中第九首这样说:

> 清晨闻叩门,倒裳往自开。
> 问子为谁欤? 田父有好怀。
> 壶浆远见候,疑我与时乖。
> "褴缕茅檐下,未足为高栖;
> 一世皆尚同,愿君汩其泥。"
> 深感父老言,禀气寡所谐。
> 纡辔诚可学,违己讵非迷!
> 且共欢此饮,吾驾不可回!

是坚定地表示"吾驾不可回"的,这样明朗的态度也是前所未有的。

　　这样坚定明朗的态度的获得,是经过十二年的思想斗争过程的。那种思想斗争的痕迹依然表现在另一首《饮酒》里:

> 长公曾一仕,壮节忽失时;
> 杜门不复出,终身与世辞。
> 仲理归大泽,高风始在兹。
> 一往便当已,何为复狐疑!
> 去去当奚道,世俗久相欺;
> 摆落悠悠谈,请从余所之。
>
> ——《饮酒》,其十二

长公是张挚,仲理是杨伦,都是陶渊明所认为的曾经出仕而后来却又终身不出的榜样。陶渊明呢,“一往便当已,何为复狐疑”,却曾经狐疑过,不过也终于压下去了。这就是陶渊明,这就是经过了十二年的思想矛盾的克服后的陶渊明!

　　态度一坚定,就立刻感到自己和当时身份相去不远的人的距离来了:

> 有客常同止,趣舍邈异境。
> 一士常独醉,一夫终年醒。
> 醒醉还相笑,发言各不领。
> 规规一何愚,兀傲差若颖。
> 寄言酣中客,日没烛当秉。
>
> ——《饮酒》,其十三

过去的陶渊明也可说在醒醉之间的吧,现在是明确地在采取"醉"的态度了。他很鄙夷那些自以为"醒"着的人们,这样他就仿佛"超然"起来了:

> 行止千万端,谁知非与是;
> 是非苟相形,雷同共誉毁。
> 三季多此事,达士似不尔。
> 咄咄俗中愚,且当从黄绮。
>
> ——《饮酒》,其六

陶渊明每自居为四皓,他觉得他是"超然"于那些司马、桓、刘的政争以及依附在司马、桓、刘间各自评长论短的人们的。这种感觉,也只有在他退出政治圈外才有的。

陶渊明既"超然"于"是非苟相形,雷同共誉毁"之间,他就采取了隐士一般的态度,那就是沉默。可是是不是真沉默呢?为什么沉默呢?原来原因就在对当时的残忍的政争的消极抗议:

> 子云性嗜酒,家贫无由得,
> 时赖好事人,载醪祛所惑。
> 觞来为之尽,是谘无不塞;
> 有时不肯言,岂不在伐国。
> 仁者用其心,何尝失显默。
>
> ——《饮酒》,其十八

这一方面是像陶渊明那样的小有产者所惯有的温情,一方面也是由于他还对失败的桓玄有些留恋,而这时候又很不好表示态度,所以只好"有时不肯言"了。对现实超然就是冷淡,冷淡就是不赞成——世界上哪里有真的超然呢?

有名的《五柳先生传》应该作于这一期间。因为其中的情况很像上面所引的《饮酒》,同时这时又是他最能够产生那样思想成熟、态度明朗的自叙传的时候:

> 先生不知何许人也,亦不详其姓字,宅边有五柳树,因以为号焉。闲静少言,不慕荣利。好读书,不求甚解;每有会意,便欣然忘食。性嗜酒,家贫不能常得;亲旧知其如此,或置酒而招之。造饮辄尽,期在必醉;既醉而退,曾不吝情去留。环堵萧然,不蔽风日;短褐穿结,箪瓢屡空;晏如也。常著文章自娱,颇示己志。忘怀得失,以此自终。
>
> 赞曰:黔娄之妻㉕有言:"不戚戚于贫贱,不汲汲于富贵。"其言兹若人之俦乎?衔觞赋诗,以乐其志,无怀氏之民欤?葛天氏之民欤?

这篇被称为"实录"的自叙传,"性嗜酒,家贫不能常得"正是前引诗中的"子云性嗜酒,家贫无由得",这里的"闲静少言"也就是前一诗的"有时不肯言",可知二者是姊妹篇。这定居下来从容地读书习静的生活,又见之于《读山海经》的第一首:

孟夏草木长,绕屋树扶疏。

众鸟欣有托,吾亦爱吾庐。

既耕亦已种,时还读我书。

穷巷隔深辙,颇回故人车。

欢言酌春酒,摘我园中蔬。

微雨从东来,好风与之俱。

泛览周王传,流观山海图。

俯仰终宇宙,不乐复何如。

这同样有"好读书","每有会意,便欣然忘食"的情景。此外,《闲情赋》也可能是这一期间所作。因为照那序上说,"余园闾多暇",也只有这时最相近。而"淡柔情于俗内,负雅志于高云"那样理想的美人,也可能是五柳先生自况的一种方法——"颇示己志"的自娱的文章呢。

在他四十三岁那年(公元四〇七年),作有《祭程氏妹文》。这一年,桓玄的余党殷仲文、骆冰桓、石松、曹靖之、卞承之、刘延祖等被杀。

次年六月,遇火。他作有《戊申岁六月中遇火》:

草庐寄穷巷,甘以辞华轩。

正夏长风急,林室顿烧燔:

一宅无遗宇,舫舟荫门前。

迢迢新秋夕,亭亭月将圆;

果菜始复生，惊鸟尚未还。

中宵伫遥念，一盼周九天。

总发抱孤介，奄出四十年！

形迹凭化往，灵府长独闲；

贞刚自有质，玉石乃非坚。

仰想东户时，余粮宿中田，

鼓腹无所思，朝起暮归眠。

既已不遇兹，且遂灌我园。

这首诗一方面表现了此时的坚定，"贞刚自有质，玉石乃非坚"；一方面也逐渐形成桃花源那样的理想，"仰想东户时，余粮宿中田"——这也是在以前的作品中所不曾表现得如此清晰明朗的。

因为遇火，"一宅无遗宇"，全烧光了。照我们想象，也许这就是《归园田居》一诗所说的"草屋八九间"。至于"舫舟荫门前"，大概是说暂时住在船上。㉑不知又隔了多少日子，他只好搬家了。《移居二首》当是这时作：

其 一

昔欲居南村，非为卜其宅；

闻多素心人，乐与数晨夕。

怀此颇有年，今日从兹役。

敝庐何必广？取足蔽床席。

邻曲时时来，抗言谈在昔；

奇文共欣赏，疑义相与析。

其 二

春秋多佳日，登高赋新诗。

过门更相呼，有酒斟酌之。

农务各自归，闲暇辄相思，

相思则披衣，言笑无厌时。

此理将不胜，无为忽去兹。

衣食当须纪，力耕不吾欺。

就"敝庐何必广？取足蔽床席"看，更像是遇火后找到新居的
光景。虽说"春秋多佳日"，但登高赋诗仍是秋天，所以可能是
在六月遇火以后，在船上住了三两月，九月前后就移入了新
居。这次移居最大的收获，是周围有一些谈得上来的朋友。他
和刘遗民等的来往赠答，大概就在这时。集中有联句一首，写
有渊明、愔之、循之等名字，愔之不知是谁，循之很像庞遵的
字，也就是后来所写《怨诗楚调示庞主簿邓治中》的庞主簿，
总之，就是"闲暇辄相思"的一群了。

这一年刘裕为扬州刺史，录尚书，大权在握。

义熙五年己酉(公元四〇九年)，陶渊明四十五岁了，刘
裕灭了南燕。但陶渊明的心情已非常萧索。因为已经隐退了
五年了，所以在这一年作的《己酉岁九月九日》一诗中就已经

85

消失了那些矛盾的情感,而只是称情自陶:

> 靡靡秋已夕,凄凄风露交,
>
> 蔓草不复荣,园木空自凋。
>
> 清气澄余滓,杳然天界高;
>
> 哀蝉无留乡,丛雁鸣云霄。
>
> 万化相寻绎,人生岂不劳。
>
> 从古皆有没,念之中心焦;
>
> 何以称我情,浊酒且自陶。
>
> 千载非所知,聊以永今朝。

他这时已有些司空见惯似的"客观"了。"万化相寻绎,人生岂不劳?"因为见惯,就颇有些淡然了。

南燕主慕容超被擒,斩首建康市,是在第二年二月,即义熙六年庚戌(公元四一〇年),陶渊明四十六岁。刘裕对外的武功已经建立了一部分。这时国内又有天师道徒卢循之战。这一战是一个大战。卢循是孙恩的妹夫,自孙恩在八年前(公元四〇二年)失败后,就和徐道覆占据广州,他们看见刘裕北伐,就乘机攻入长沙、南康。这时豫章(今南昌)、庐陵(今吉安)的地方官吏都弃守了,八郡都督何无忌战死,左仆射孟昶吓得自杀,眼看攻入京城。后来由于卢循在军事上的保守,才没有成功。陶渊明所住的浔阳又成了军事上的争夺之地了,何无忌在南昌战死,就是从浔阳出发的。后来卢循到了建康附近时,要退守的地方也仍是浔阳。同时桓玄的余部桓谦等又在枝江一带起兵,江陵的士民也有要做内应的,不过终为刘遵的兵力所败。到这时,桓氏的残余力量才完全消灭,这是这年九月间了。处在战乱中心地浔阳的陶渊明在这一年九月作有《庚戌岁九月中于西田获早稻》一诗:

> 人生归有道,衣食固其端;
> 孰是都不营,而以求自安?
> 开春理常业,岁功聊可观。
> 晨出肆微勤,日入负耒[20]还。
> 山中饶霜露,风气亦先寒;
> 田家岂不苦? 弗获辞此难;
> 四体诚乃疲,庶无异患干。
> 盥濯息檐下,斗酒散襟颜。
> 遥遥沮溺心,千载乃相关。
> 但愿长如此,躬耕非所叹。

想想当时的情势,才体会到他所谓"庶无异患干"的痛切。卢循会不会成功? 桓氏会不会死灰复燃? 这恐怕在当时是一般人都会考虑到的。无论谁成功,就都又会有一些党同伐异,搜寻杀捕的事出现。所以陶渊明认为还是种地的好。

这一年刘遗民(名程之)死了。[23] 陶渊明有《和刘柴桑》,《酬刘柴桑》二诗,旧注认为刘柴桑即刘遗民,并说刘遗民曾为柴桑令。就《和刘柴桑》一诗"山泽久见招"看,刘遗民的可能性是很大的。这首诗大概即作于本年,根据是:诗中有"新

畴复应畲"语,依照《尔雅》,畲是三年田(复字是连上句"茅茨
已就治"的"已"字而言,并非形容"畲"),这正是移居到现在
的时间(公元四〇八年—四一〇年)。诗的全文是这样子:

> 山泽久见招,胡事乃踌躇?
> 直为亲旧故,未忍言索居。
> 良辰入奇怀,絜杖还西庐。
> 荒途无归人,时时见废墟。
> 茅茨已就治,新畴复应畲。
> 谷风转凄薄,春醪解饥劬。
> 弱女虽非男,慰情良胜无。
> 栖栖世中事,岁月共相疏。
> 耕织称其用,过此奚所须!
> 去去百年外,身名同翳如!

假定刘柴桑即刘遗民,这首诗我们可以这样理解:刘遗民是
一个曾做过誓文的佛教徒,陶渊明却自有儒家的立场,他还
舍不了人间的温暖,"直为亲旧故,未忍言索居";其次是刘遗
民为刘裕所赏识,遗民也是刘裕所送的雅号,看来此人和刘
裕还是有些瓜葛,而陶渊明则对刘裕是鄙夷的,诗中说,"去
去百年外,身名同翳如",当是讥讽刘遗民终有些名心未退;
再次是,刘遗民、周续之和陶渊明号称"庐山三隐",但陶对周
也有微词,见后来写的《示周掾祖谢》一诗,恐刘遗民和周续
之也有些类似,所以诗中乃是表示二人之间的距离的。"茅茨

已就治,新畴复应畲",这也是实情,刚重新安定下来,眼看又有自己耕种的成绩,如何肯舍下去上山呢。

《酬刘柴桑》一诗应该作于和诗之前,而年月不详:

> 穷居寡人用,时忘四运周。
> 榈庭多落叶,慨然知已秋。
> 新葵郁北牖,嘉穟养南畴。
> 今我不为乐,知有来岁否?
> 命室携童弱,良日登远游。

这诗里同样有与世相忘的意味,言外就是讥刘遗民一般人是太不能忘世了。

卢循在义熙七年辛亥(公元四一一年)失败自杀,徐道覆被斩,广州一带起义全部被捕灭。这个占有十几年以上的以天师道为外衣的农民大起义,就此结束了,于是刘裕的地位是更巩固了。他在这一年接受了太尉的名义。这时陶渊明四十七岁。他的友人殷景仁应刘裕之命,做了太尉参军。陶渊明作有《与殷晋安别》:

> 殷先作晋安南府长史掾,因居浔阳,后作太尉参军,
> 移家东下,作此以赠。

> 游好非久长,一遇尽殷勤,
> 信宿酬清话,益复知为亲。

89

> 去岁家南里,薄作少时邻;
> 负杖肆游从,淹留忘宵晨。
> 语默自殊势,亦知当乖分;
> 未谓事已及,兴言在兹春。
> 飘飘西来风,悠悠东去云,
> 山川千里外,言笑难为因。
> 良才不隐世,江湖多贱贫。
> 脱有经过便,念来存故人。

殷景仁在此年三月为行参军⑳,诗中说"兴言在兹春",时日是正相合的。刘裕刚一受命太尉,就起用殷景仁,可知他已为刘裕的亲信。陶渊明在诗里充分地表示不满,说"语默自殊势,亦知当乖分",说"良才不隐世,江湖多贱贫",不同调到如此地步。序中又特别指出"先"作晋安南府长史掾,"后"作太尉参军,题目中又偏不提他荣任的新职,这是对殷景仁不满,也是对刘裕的不满。后来殷景仁在宋文帝时,表现为一个阴险的政客,陶渊明也算早洞烛其奸了。

这一年,和他一块耕种的从弟敬远亡故了,他作有《祭从弟敬远文》。

刘裕的地位日趋巩固,也就逐渐清洗那些被他认为可与自己竞争的人们。义熙八年(公元四一二年),刘毅被逼自杀。刘毅是和刘裕一同起兵的人,因为比刘裕文雅些,很得一些"搢绅白面之士"的信仰,所以遭忌而死。与刘毅相牵连,在诗史上一个重要人物谢混㉑也被杀了。这时另一位和刘裕一同起兵的人诸葛长民也不自安了,说:"昔年醢彭越,今年杀韩信,祸其至矣!"但他造反不成,次年刘裕亲自去收拾他。刘裕让他把心腹的话都说出来,他正高兴,刘裕暗中埋伏的壮士丁旿就忽然跳出,在席间把诸葛长民勒死了。诸葛长民死的这一年,陶渊明四十九岁。陶渊明在《饮酒》中有这样一首:

> 幽兰生前庭,含熏待清风;
>
> 清风脱然至,见别萧艾中。
>
> 行行失故路,任道或能通;
>
> 觉悟当念还,鸟尽废良弓。
>
> ——《饮酒》,其十七

如果不是有感于刘毅、诸葛长民等的遭遇,那也是早料到刘裕这样的手段的了。刘裕这样的手段,这时并没有完,以后还会继续下去,并且一直传给他的儿子——宋文帝。这样的人如何能合作呢?陶渊明以躬耕为得计,"缯缴奚施,已卷安劳",是一点也不奇怪了。

诸葛长民死的这一年,即义熙九年(公元四一三年),僧慧远作《佛影铭》,铭词是:

> 廓矣大象,理玄无名,体神入化,落影离形。

在这里把形、影、神三者的关系揭示了出来,又曾经"兴师动众"地派了道秉去远道邀年轻诗人谢灵运(这年二十八岁)撰

91

作铭文,陶渊明有名的《形影神》一诗大概是受了这事的刺激而成。[31]那诗道:

> 贵贱贤愚,莫不营营以惜生,斯甚惑焉;故极陈形影之苦言,神辨自然以释之。好事君子,共取其心焉。

形赠影

> 天地长不没,山川无改时。
> 草木得常理,霜露荣悴之。
> 谓人最灵智,独复不如兹。
> 适见在世中,奄去靡归期。
> 奚觉无一人,亲识岂相思!
> 但余平生物,举目情凄洏。
> 我无腾化术,必尔不复疑。
> 愿君取吾言,得酒莫苟辞!

影答形

> 存生不可言,卫生每苦拙;
> 诚愿游昆华,邈然兹道绝。
> 与子相遇来,未尝异悲悦;
> 憩荫若暂乖,止日终不别。
> 此同既难常,黯尔俱时灭;

身没名亦尽,念之五情热。
立善有遗爱,胡为不自竭?
酒云能消忧,方此讵不劣!

神释

大钧无私力,万理自森著;
人为三才中,岂不以我故?
与君虽异物,生而相依附,
结托既喜同,安得不相语!
三皇大圣人,今复在何处?
鼓祖爱永年,欲留不得住。
老少同一死,贤愚无复数。
日醉或能忘,将非促龄具!
立善常所欣,谁当为汝誉?
甚念伤吾生,正宜委运去;
纵浪大化中,不喜亦不惧,
应尽便须尽,无复独多虑。

这是陶渊明的重要作品是无疑的,因为这是在他的集中列为五言诗之首的。不管现在这个集子有没有陶渊明自编的痕迹,总可见出后人对它的重视。诗中化身为形影神三者,其实各有陶渊明的一部分。"得酒莫苟辞"的形,固然是篇篇有酒的诗人陶渊明了,"立善有遗爱,胡为不自竭"的影,也是像陶

93

渊明那样"脂我名车,策我名骥,千里虽遥,孰敢不至"的积极的一面。而"应尽便须尽,无复独多虑"的神,也正是自"归去来辞"后"聊乘化以归尽,乐夫天命复奚疑"的结论的重述。从"无复独多虑","复奚疑"的口气看,就见出陶渊明常是在形、影、神三者的交战状态中,这就越可以说明三者各是陶渊明一体了。但是这三首诗里却有共同的一点,那就是反对神仙,主张自然,在某一种程度上作者是一个唯物论者。我们说在某一种程度上,是因为他究竟还说"人为三才中,岂不以我(神)故",还是把神高看一等的。然而无论如何,比起要在形影神的论据中肯定神不灭并肯定报应的存在的慧远来,他是鲜明地拿起一面新兴的儒家旗帜去反对道释二家了。这是陶渊明的思想成熟期的面目, 这是他高出于当时莲社诸人处,陶渊明在中国思想史上有卓绝的地位者也就以此。

义熙十年甲寅(公元四一四年),陶渊明五十岁了,他已过了十年的田园隐居的生活了。人到了五十岁,是会另有一种感觉的,因为这时已临近了一个中寿的人的结束。回忆会多起来,和少壮时的比较也会多起来。陶渊明正是这样,他写的《杂诗》中的一首可为代表:

> 昔闻长者言,掩耳每不喜;
> 奈何五十年,忽已亲此事。
> 求我盛年欢,一毫无复意;
> 去去转欲速,此生岂再值!
> 倾家持作乐,竟此岁月驶。

有子不留金,何用身后置!

——其六

《杂诗》十二首未必作于同时，但可能大部分是作于这时前后。因为,那种"求我盛年欢,一毫无复意"的感觉是在很多首里表现着:

盛年不重来,一日难再晨。

——其一

日月还复周,我去不再阳。

——其三

丈夫志四海,我愿不知老。

——其四

忆我少壮时,无乐自欣豫。

——其五

总之,这都是老年的感觉。因为感觉老了,才觉出和少壮时的距离来。他这时一方面凄凉,"欲言无予和,挥杯劝孤影";一方面又想努力奋发,"古人惜寸阴,念此使人惧"。同时,他感到没有多少年了,"前途当几许,未知止泊处","素标插人头,前途渐就窄";他对于人生越发留恋了,不但希望"亲戚共一处,子孙还相保",而且,"落地为兄弟,何必骨肉亲,得欢当作乐,斗酒聚比邻"。本来渴求人间温暖的他,现在是仿佛快入初冬,更觉得阳光的可爱了。

陶渊明五十一岁这一年,是义熙十一年乙卯(公元四一五年),刘柳为江州刺史,颜延之随刘柳到了浔阳。这时颜延之年三十二岁,还是一个青年诗人,他和陶渊明的结交应该就在这时。颜延之也是一个很有棱角的人,每每触犯权要(见《宋书》本传),陶渊明曾以"独正者危,至方则碍"相劝,这给颜延之的印象很深,所以后来还写在《陶徵士诔》里。"自尔介居,及我多暇,伊好之洽,接阎邻舍。"这也是诔里的话,可见他们住过邻居,时时来往着。

刘柳在义熙十二年丙辰(公元四一六年)六月死了,大概不久颜延之也就离去。继刘柳为江州刺史的是檀韶。檀韶曾经请周续之、祖、企、谢景夷三人共在城北讲礼,陶渊明对这事颇有讥讽,那就是《示周续之祖企谢景夷三郎》一诗里所表现的:

> 负疴颓檐下,终日无一欣。
> 药石有时闲,念我意中人。
> 相去不寻常,道路邈何因!
> 周生述孔业,祖谢响然臻。
> 道丧向千载,今朝复斯闻。
> 马队非讲肆,校书亦已勤。
> 老夫有所爱,思与尔为邻。

愿言诲诸子，从我颖水滨。

这一年八月刘裕北伐，周续之在北伐期中为刘裕的儿子讲经，所以他在浔阳城北校书应该就是这一年六七月间的事。陶渊明的诗也就作于此时。这诗如果单就"道丧向千载，今朝复斯闻"二句看，仿佛陶渊明很赞许他们的事业似的，然而末句说"愿言诲诸子，从我颖水滨"，那就是要别人学那听到尧要让天下给自己而去洗耳的许由，也就是明白表示不可以同现存政治势力妥协了。这样我们就可以理解"马队非讲肆，校书亦已勤"，确乎是讽刺，是说当时一般武夫（包括刘裕）而要讲孔子的事业，未免太不伦不类了！陶渊明是真正热爱孔子的人，见到这般人也提倡孔子，就未免有些愤愤然。而周续之等偏去为军阀作点缀，所以十分惋惜，叫他们学许由，是叫他们学学干净吧！周续之虽然隐在庐山，但和权贵勾勾搭搭，被人讥为"通隐"②，后来又入京讲礼，在刘裕即位后则更加推重，陶渊明对他有微词，是不足怪的。这样我们也就可以理解诗中所说"相去不寻常，道路邈何因"，意思是和他们貌合神离，所以虽同在一城，反而像相去很远似的。"念我意中人"，也正是惋惜之至的口气呢！

这一年八月，陶渊明又有《丙辰岁八月中于下潠田舍获》诗：

贫居依稼穑，戮力东林隈。
不言春作苦，常恐负所怀。

97

> 司田眷有秋,寄声与我谐。
>
> 饥者欢初饱,束带候鸣鸡;
>
> 扬楫越平湖,泛随清壑回,
>
> 郁郁荒山里,猿声闲且哀。
>
> 悲风爱静夜,林鸟喜晨开。
>
> 曰余作此来,三四星火颓。
>
> 姿年逝已老,其事未云乖。
>
> 遥谢荷蓧翁,聊得从君栖。

这诗里提到老,这是五十岁以后的诗中所常见的。"三四星火颓"是说十二年,从四十一岁归来到现在五十二岁恰有十二年了。他深深体会到饥饿的滋味,所以也体会到初饱的快乐;他瞻念周围,他没有后悔,"其事未云乖";他觉得走荷蓧丈人的路没有走错!

刘裕在八月出发北伐,十月就收复了洛阳。这种顺利主要靠的是北方人民的支持。例如当缺粮时,老百姓就"竞送义租"㉝,军食因而不致乏绝。次年八月即攻破长安,灭了姚秦,九月斩姚泓于建康市。这本是民族斗争的一个大胜利,然而作为统治阶级代表的刘裕是把阶级利益放在民族利益之上的,他攻破长安,却只是当作自己政争的一种资本,并不想巩固它。这情形在其他国家也是看清楚的,魏国崔浩就说:"南北异俗。借使国家(魏)弃恒山以南,裕必不能以吴越之兵与吾争守河北之地,安能为吾患乎?"又说:"裕克秦而归,必篡其主,……秦地终为国家(魏)之有,可坐而守也。"㉞夏国王贾德就说:"关中形胜之地,而裕以幼子守之,狼狈而归,正欲急成篡事耳。不暇复以中原为意,此天以关中赐我,不可失也。"㉟刘裕北伐的胜利,是空空受了老百姓的支持,而终于辜负了老百姓的期望。刘裕离开长安时,老百姓哭诉说:"残民不霑王化于今百年,始睹衣冠,人人相贺,长安十陵是公家坟墓,咸阳宫殿是公家室宅,舍此欲何之乎?"㊱然而刘裕仍是急于回来篡位了。长安也就在他离开的次年(义熙十四年戊午,公元四一八年)被夏王勃勃侵占了。

长安收复时,陶渊明五十三岁;长安再陷时,陶渊明五十四岁。他在五十三岁时,有《赠羊长史》:

> 左军羊长史,衔使秦川,作此与之。

> 愚生三季后,慨然念黄虞。
> 得知千载上,正赖古人书。
> 贤圣留余迹,事事在中都。
> 岂忘游心目?关河不可逾。
> 九域甫已一,逝将理舟舆。
> 闻君当先迈,负疴不获具。
> 路若经商山,为我少踌躇,
> 多谢绮与角,精爽今何如?
> 紫芝谁复采,深谷久应芜,
> 驷马无贳患,贫贱有交娱。
> 清谣结心曲,人乖运见疏,

拥怀累代下,言尽意不舒!

羊长史即羊松龄,左军乃朱龄石,这诗是当羊松龄奉朱龄石之命往关中贺刘裕之捷时写赠的。陶渊明这时听说洛阳(中都)收复了,也很想去看看,全国又有统一的局面,他也高兴得将要束装北上,可是他已病了几年了(《示周续之祖企谢景夷三郎》诗"负疴颓檐下"),所以只好作罢。然而他从洛阳又联想起他日常所佩服的四皓来了,也就记起了《四皓歌》。那歌是这样子:

> 漠漠高山,深谷逶迤,
> 晔晔紫芝,可以疗饥。
> 唐虞世远,吾将何归?
> 驷马高盖,其忧甚大。
> 富贵之畏人兮,不若贫贱之肆志。

现在诗中的"慨然念黄虞。……紫芝谁复采,深谷久应芜,驷马无贳患,贫贱有交娱"就都是由《四皓歌》感发出来的。接着,陶渊明的深深的感慨也就来了:因为,像刘裕这一举动,连魏夏二敌国都看得那样清楚,难道国内反而一点看不出么?尤其是,像陶渊明那样敏感而又留心世事的诗人会看不出么?他想到,刘裕的北伐哪里是真的为民族争气?不过如过去几个军阀走的老路(那些史实对陶渊明是如此的新鲜如昨),他不能不觉察出这实在是在诗人看来很残忍很奸诈的一幕政变的序曲罢了，而自己又是那样不合时宜的人，所以说"人乖运见疏"，"言尽意不舒"呵！

由于羊松龄的入秦，陶渊明可能得到一些关中类似桃花源的见闻。戴延之随刘裕入关，著《西征记》，就有这样的一些记事。大概在西晋末年不能远徙的北方人民为了逃避异族的压迫，就找一些平旷而与外隔绝的地方避难。这也就是《桃花源记》中所谓避秦时乱的现实基础。因为晋时又流传刘骥之入衡山采药失路的故事，刘骥之即《桃花源记》中的刘子骥，陶渊明大概把听来的关中见闻和这故事作为了《桃花源记》创作的张本。㊳所以，《桃花源记》的创作时代大概也就在这一二年中。《桃花源记》后的诗同样提到四皓，正和《赠羊长史》诗中所联想的差不多。《桃花源记》代表陶渊明的空想社会主义的政治理想，他希望的乃是一个"秋熟靡王税"的没有剥削的社会。这是陶渊明较成熟的政治思想的结晶。"问今是何世，乃不知有汉，无论魏晋"，更说明陶渊明是经过几度政变后的厌倦，他想逃避，而逃避到这样的乌托邦了。

关中再度失陷的一年，也就是刘裕忙着把晋安帝缢死的一年。但刘裕没有马上篡位，这是因为谶文上说"昌明之后有二帝"，昌明是晋孝武帝司马曜的字，现在只经过了一个安帝（司马德宗）是不够数的，所以必须再制造一帝——即恭帝（司马德文），因而又忍耐了两年。陶渊明在安帝被缢死的这一年是五十四岁（即义熙十四年戊午，公元四一八年）。这一年，他作有《怨诗楚调示庞主簿邓治中》：

天道幽且远，鬼神茫昧然。

结发念善事，僶俛六九年。

弱冠逢世阻，始室丧其偏。

炎火屡焚如，螟蜮恣中田；

风雨纵横至，收敛不盈廛。

夏日长抱饥，寒夜无被眠。

造夕思鸡鸣，及晨愿乌迁。

在己何怨天，离忧凄目前。

吁嗟身后名，于我若浮烟。

慷慨独悲歌，钟期信为贤。

这就是陶渊明从早年到现在的遭遇的总括。陶渊明另有《有会而作》一诗，年代不详，但提到了"老至更长饥"，似乎和《怨诗楚调》时日不远：

旧谷既没，新谷未登，颇为老农，而值年灾，日月尚悠，为患未已。登岁之功，既不可希，朝夕所资，烟火裁通；旬日以来，始念饥乏。岁云夕矣，慨然永怀。今我不述，后生何闻哉？

弱年逢家乏，老至更长饥；

菽麦实所羡，孰敢慕甘肥！

怒如亚九饭，当暑厌寒衣。

岁月将欲暮，如何辛苦悲。

常善粥者心，深念蒙袂非；

102

嗟来何足吝，徒没空自遗。

斯滥岂攸志，固穷夙所归。

馁也已矣夫，在昔余多师。

这真是苦了一辈子的经验语。他反对像黔敖那样既乞食而摆架子，更反对黔敖之为面子而饿死，这原因是他自己太体会到饥饿的痛苦了。有钱的人在夏天就制备寒衣，现在自己制不起，所以见别人这样会打算就讨厌。这都是很写实的。《魏书》卷一百十《食货志》中说："晋末天下大乱，生民道尽，或死于干戈，或毙于饥馑，其幸而自存者盖十五焉。"敌国的记载也许有些夸张，但乱况是一定有的，陶渊明也就在这几年特别困窘，所以《有会而作》一诗应该写在这期间。

同年陶作有《岁暮和张常侍》一诗：

市朝凄旧人，骤骥感悲泉，

明旦非今日，岁暮余何言？

素颜敛光润，白发一已繁，

阔哉秦穆谈，旅力岂未愆？

向夕长风起，寒云没西山，

厉厉气遂严，纷纷飞鸟还。

民生鲜常在，矧伊愁苦缠？

屡阙清酤至，无以乐当年。

穷通靡攸虑，憔悴由化迁，

抚己有深怀，履运增慨然！

103

陶渊明的好友并亲戚张野,曾征拜过散骑常侍(但未应征),张野死在义熙十四年,诗中像挽歌,所以定为此年。"和"字也许是挽字之误,也许是"和"张野的族子张诠的,因为张诠也曾征拜过常侍,那么就是张诠原诗也是挽张野的了。㊳这是岁暮写的一首诗,如果和这一年十一月长安再陷,十二月晋安帝被缢联系起来看,这"履运增慨然"的用意就显明起来。这和前年写的《赠羊长史》诗中所说"人乖运见疏",正是类似的感觉。因为,写作的年月是如此地近的。他为外祖写的《晋故征西大将军长史孟府君传》可能是这时写的,因为其中也有"道悠运促"的话。

这一年佛教大师慧远以八十三岁的高龄圆寂。陶渊明的很多友人像刘遗民、周续之、张野等曾在慧远的左右学佛,慧远圆寂的地方又是庐山,和陶渊明的居地是这样近,然而陶渊明没有参加进去,这见出陶渊明是有坚定的主张的。传说他曾为慧远约去入莲社,他提了个条件是"若许饮则往",慧远也答应了,但他去后,又皱了皱眉头,溜掉了。㊴以陶渊明的深厚的儒家思想和佛教相抵触论,以陶渊明的个性是喜爱自由而不能守拘束论,这个故事是有真实性的。陶渊明作的《拟古诗》第六首,有"厌闻世上语,结友到临淄,稷下多谈士,指彼决吾疑。……行行停出门,还坐更自思,不畏道里长,但畏人我欺"几句话,可能即指白莲社中人。㊵因为慧远卒于是年,所以我们提到过的他那有名的和慧远的论点有着争辩的《形影神》不能迟于是年。

这一年,王宏为抚军将军江州刺史,代替了擅韶。传说王宏曾经要去见陶渊明,而陶渊明不见。后来王宏找出陶渊明的朋友庞通之在半道里用酒截住,正喝得高兴,王宏就出面了,陶渊明便也没给他难堪。[41]在另一个传说里,陶渊明觉得得罪了王宏也很后悔,便这样说:"我性不狎世,因疾守闲甚,非洁志慕声,岂敢以王公纡轸为荣耶?夫谬以不贤,此刘公干所以招谤君子,其罪不细也。"[42]因而落得因庞通之的截住去路而不再摆架子,下台了。这后一个传说是更合理的。王宏是一个褊狭的人[43],弹劾谢灵运的就是他,同时也是刘裕跟前的一个红人,陶渊明实在犯不上得罪他了。后来陶渊明也很和他敷衍应酬了一番。

晋安帝被缢死后,刘裕立了安帝的弟弟,这就是恭帝。恭帝元熙元年己未(公元四一九年),陶渊明五十五岁了。陶渊明在晋末曾被征为著作佐郎,他未就。不知道是不是这一年。刘裕则在这一年已经晋封为宋王了。

九　再度改朝换代时的陶渊明

过了一年,即元熙二年庚申(公元四二〇年),但亦即宋武帝永初元年,因为这一年六月,晋亡,"禅位"给刘裕,改了元。这是陶渊明经历了的第二次改朝换代。这一幕禅让剧是很滑稽的。在这一年正月,刘裕已经想受禅,但他招集他的亲信会议,却只说"物忌太盛,非可久安,今欲奉还爵位,归老京师",弄得别人莫名其妙,还以为他真的退让,就称颂他的盛德,所以会议一直到散,谁也没提起禅位的事。只有傅亮回去以后才省悟出刘裕的真意,便夜间辞别刘裕,忙着筹备去了。到了四月,征刘裕入京。六月便把禅位的诏书替晋恭帝写好了,请他抄一抄。晋恭帝见了诏草,反倒如释重负般地十分高兴,说:"桓玄之时,晋氏已无天下,重为刘公所延近二十载,今日之事,本所甘心。"这样就把"禅让"的一幕完成了。晋恭帝改为零陵王。这一年,陶渊明五十六岁了。

改朝换代是件大事情,陶渊明不能无动于衷。《读史述九章》可能就是这时作的。这九章是:《夷齐》、《箕子》、《管鲍》、《程杵》、《七十二弟子》、《屈贾》、《韩非》、《鲁二儒》、《张长公》。文字虽然都很简短,但代表了陶渊明各方面的思想。《夷齐》是表现他"慨想黄虞"的政治理想的,《管鲍》和《程杵》表现要求知己,《屈贾》和《韩非》表现"逢世多疑"的遭遇,《七十二弟子》表现"回也早夭,赐独长年"的不平,《张长公》表现自己的"独养其志"的出路,而最突出的是表现易代之感的《箕子》和《鲁二儒》：

　　去乡之感,犹有迟迟,矧伊代谢,触物皆非。哀哀箕子,云胡能夷?狡童之歌,悽矣其悲!

　　　　　　　　　　　　——《箕子》

　　易代随时,迷恋则愚,介介若人,特为贞夫。德不百年,汙我诗书,逝然不顾,被褐幽居。

　　　　　　　　　　　　——《鲁二儒》

　　因为易代,而"触物皆非";因为易代,而有了"随时"和"迷恋"的两种不同态度;这些都是非身历其境的人不能如此深切体会的。陶渊明对于政治原不是不关切的,他平日就有一种"慨想黄虞"的苦闷,现在具体刺激来了,他所鄙夷的刘裕在政治上终于成功了,所以他的政治苦闷也就更加显明起来。

　　他有"完了"的感觉,是可以想象的。第二年正月初五,即永初二年辛酉(公元四二一年),他写有《游斜川》：

　　辛酉㊹正月五日,天气澄和,风物闲美,与二三邻曲,同游斜川。临长流,望层城,鲂鲤跃鳞于将夕,水鸥乘和以翻飞。彼南阜者,名实旧矣,不复乃为嗟叹;若夫层城,傍无依接,独秀中皋;遥想灵山,有爱嘉名。欣对不足,率尔赋诗。悲日月之遂往,悼吾年之不留;各疏年纪乡里,以记其时日。

开岁倏五日[45]，吾生行归休；

念之动中怀，及辰为兹游。

气和天惟澄，班坐依远流；

弱湍驰文鲂，闲谷矫鸣鸥。

回泽散游目，缅然睇层丘；

虽微九重秀，顾瞻无匹俦。

提壶接宾侣，引满更献酬。

未知从今去，当复如此不？

中觞纵遥情，忘彼千载忧；

且极今朝乐，明日非所求。

为什么刚到正月初五，就有"吾生行归休"的感觉呢？这一定是在上一年就感慨万端，过了年便想出来散散心，然而政治苦闷又涌上心头了，所以才这样的。另外也有一种可能，也许正月初五是陶渊明的生辰，于是特别有怅触。但这只是推想，并无佐证。可靠的却是更一个具体的刺激来了。

这就是，把晋国"禅让"出去的零陵王(晋恭帝)，是不是就逃出刘裕的毒害呢？并没有。就在这年，即刘裕践祚的次年，刘裕叫零陵王的亲信张祎用毒酒去毒死他，但张祎没有肯下手，反而饮酒自杀。[46]这时零陵王为他的褚后所保护，吃东西特别小心，所以一时没有被害的机会。刘裕便请褚后的哥哥褚叔度找褚后谈话，利用这个空隙便派人向零陵王进毒药了，但零陵王也不肯自杀，因为他是信佛的，认为自杀了下辈子便不能再托生为人。于是仍只好死于别人之手。这是这年九月的事。陶渊明在这一年五十七岁了。就在人对人的同情上罢,陶渊明自有一种不可遏止的愤慨:让了国也还是被杀,被杀又是经过如此处心积虑的计划,如此险狠毒辣!于是诗人的陶渊明就写了那首隐隐约约的《述酒》:

重离照南陆,鸟鸣声相闻,

秋草虽未黄,融风久已分。

素砾晶修渚,南岳无余云。

豫章抗高门,重华固灵坟,

流泪抱中叹,倾耳听司晨。

神州献嘉粟,四⁴⁷灵为我驯,

诸梁董师旅,芊胜丧其身。

山阳归下国,成名犹不勤,

卜生善斯牧,安乐不为君。

平王⁴⁸去旧京,峡中纳遗薰,

双陵甫云育,三趾显奇文。

王子爱清吹,日中翔河汾,

朱公练九齿,闲居离世纷。

峨峨西岭内,偃息常所亲,

天容自永固,彭殇非等伦。

因为太隐约了,要完全弄明白这首诗是不可能的,但经过很多人的考证⁴⁹,主要的意思是可以猜得出的。末尾说"天容自

109

永固"，天容就是天子之容，可见这是指一个天子的死是无疑
的。中间"山阳"是指汉献，"安乐"是指刘禅，都合乎晋恭帝的
身份：一个也曾"禅让"，一个亡了国。重华是舜，舜的坟相传
在零陵九疑，南岳同样是含有零陵一带的地方的意思，这也
都像是指恭帝之为零陵王事。神州献粟，四灵呈瑞，都是指刘
裕所制的符瑞。双陵甫育，三趾显文，是说刘裕的北伐刚刚拯
救了北方人民，但却忙着自己布置登基了。诗的开始是点明
时间在由夏入秋，接着是点明地方在南。他对恭帝是同情到
这样地步，"流泪抱中叹，倾耳听司晨"，夜间悲愤得睡不着，
只等鸡叫天亮。他自己的地位则是"闲居离世纷"，朱公令人
联想陶朱公，已指出自己的姓。这都符合陶渊明的身份以及
对晋室的关系的。我们虽不承认陶渊明怎样忠于晋室，但对
遭了如此下场的晋末一个皇帝的同情和愤慨却是无可否认
的。这就是我们对于《述酒》的理解。

陶渊明对于这个刺激可能不只写了这一首诗。吴骞认为
《蜡日》也是和《述酒》相似的一首诗，"酒中适何多"一句就是
说酒中之阴计何多。⑩不过这首诗远不如《述酒》那样容易猜
想，因此我们还不能下这样肯定的结论。但《咏三良》却可能
是由于张祎的事⑪，原文是这样子：

弹冠乘通津，但惧时我遗，
服勤尽岁月，常恐功愈微。
忠情谬获露，遂为君所私，
出则陪文舆，入必侍丹帷。

箴规既已从，计议初无亏，
一朝长逝后，愿言同此归。
厚恩固难忘，君命安可违？
临穴罔惟疑，投义志攸希。
荆棘笼高坟，黄鸟声正悲，
良人不可赎，泫然沾我衣！

我们同意陶澍那样的见解：这诗是"咏怀"，而不是"论古"。我们也同意这首诗和张祎的事有关。但我们不认为是单纯地悼张祎。我们认为这首诗的主旨是说人们不可以轻于依附一种政权而殉情。没陷进去时，惟恐进不去，所谓"但惧时我遗"；既陷进去，那就有可能言听计从而愈陷愈深；万一此政权失败，在道义上就只有殉葬了。既然这样，何如早站在圈外？这也就是陶渊明所采取的态度。这首诗是有陶渊明的封建道德观念在，有陶渊明看到的许多事实在（其中有张祎），有陶渊明自身采取的态度在。

《读山海经》的最末一首说：

严严显朝市，帝者慎用才，
何以废共鲧，重华为之来。
仲父献诚言，姜公乃见猜，
临末告饥渴，当复何及哉？

这更是明显的一首和时事有关的诗了。这是说齐桓公因不能听管仲的话除掉易牙、开方,以至于临殁时饥渴了也得不到饮食,这就像晋安帝不小心用刘裕这样的人,下场便是兄弟皆被毒害。又有一首诗说:

> 臣危[32]肆威暴,钦鵶违帝旨,
> 窫窳能变,祖江遂独死。
> 明明上天鉴,为恶不可履,
> 长�固已剧,鹑鷃岂足恃?
>
> ——其十一

这故事是:臣危杀了窫窳,窫窳变成吃人的龙,臣危被缚;钦鵶杀了祖江,祖江不能变,死了,钦鵶变为鹗,和他一块行凶的鼓变为鹜。诗意是说被杀的有能变有不能变的,杀人的有得惩罚的,有暂时改头换面的,然而循环报复,保不定什么时候还是要被杀。这诗也是概括了陶渊明所身经的几次政变,认为"为恶"的终要得到报应。

他有些愤愤然。《咏荆轲》也可能是这时写的:

> 燕丹善养士,志在报强嬴。
> 招集百夫良,岁暮得荆卿。
> 君子死知己,提剑出燕京;
> 素骥鸣广陌,慷慨送我行。
> 雄发指危冠,猛气冲长缨。
> 饮饯易水上,四座列群英;

112

渐离击悲筑,宋意唱高声。

萧萧哀风逝,淡淡寒波生。

高音更流涕,羽奏壮士惊。

心知去不归,且有后世名。

登车何时顾,飞盖入秦庭。

凌厉越万里,逶迤过千城。

图穷事自至,豪主正怔营。

惜哉剑术疏,奇功遂不成!

其人虽已殁,千载有余情!

陶渊明对于秦始皇是在憎恶着,这里所谓"豪主",也就是《桃花源记》中的"嬴氏乱天纪",他又每以避秦的四皓自居,我们想这除了以暴秦目刘裕是不可能有另外的解释了。

陶渊明大概这时很缅怀像荆轲那样的壮士。当然,他也并不一定觉得非刺杀刘裕不可。但心里既不痛快,看见一些事又不顺眼,再结合着他自己少年时原也有些壮志豪情,自然就有这样创作了。在《拟古》中歌颂田子泰的一首也当是这样产生的:

辞家夙严驾,当往至㉝无终。

问君今何行?非商复非戎。

闻有田子泰,节义为士雄,

斯人久已死,乡里习其风。

生有高世名,既没传无穷,

113

不学狂驰子，直在百年中。

我们知道田子泰的事迹是：他曾在董卓乱时为刘虞绕道到长安去向汉献帝陈忠，他曾不顾公孙瓒的威势而去哭刘虞（为公孙瓒所杀）之墓，他曾替曹操出计谋并当埋伏而取得对胡用兵的胜利，他曾在北平徐无终山中选择了一个深险平敞的地方躬耕，后来有五千多家去依附他，并在那地方做到了路不拾遗。[54]就他前二件事论，就是节义；就他后一件事论，就有点像《桃花源记》中的理想了。[55]这样的人当然值得陶渊明歌颂。由于时事的刺激，他就更向往田子泰所在的徐无终山了。

这就是陶渊明在再度改朝换代时的反应：他"触物皆非"，想当夷齐；他感觉"吾生行归休"；他对于晋恭帝的被毒酒杀害，是同情到"流泪抱中叹，倾耳听司晨"；就这样的一个帝王的下场论，他想到"帝者慎用才"；就那些下毒手的人论，他觉得"为恶不可履"；就那些政争中的牺牲者论，他觉得"投义志攸希"，然而却不如不轻易参加其中的好；为了出一口气，为了痛快，他又想到像荆轲那样的人，并想到像田子泰所在的徐无终山那样的地方。这就是那时的陶渊明。

他为表示对新朝的冷淡，他的诗文中从来没有用新朝的年号，他宁愿只题甲子；[56]而且他在入宋后改了名，称作潜。[57]这些表示，在我们现在看来也许是很可笑的，然而对于自认为是"遗老"样的陶渊明，就是很自然的了。——真的，陶渊明是越来越有"遗老"的感觉了。

到了这一年冬天,江州刺史王宏送别庾登之还都,谢瞻还豫章,曾邀陶渊明作陪,陶渊明作有《于王抚军座送客》诗:

冬日凄且厉,百卉具已腓,
爰以履霜节,登高饯将归。
寒气冒山泽,游云倏无依,
洲渚思绵邈,风水互乖违。
瞻夕欲良宴,离言聿云悲,
晨鸟暮来还,悬车敛余晖。
逝止判殊路,旋驾怅迟迟,
目送回舟远,情随万化遗。

此中表明态度的是"逝止判殊路"一句,逝止在表面上是说走的和留的,实质上就是说去就的问题,这和《与殷晋安别》中的"语默自殊势,亦知当乖分"是同样意思。不过现在既已易代,口气却要装作缓和些而已。为了"旋驾怅迟迟"还怕太明显,所以又加上末二句,"目送回舟远,情随万化遗",仿佛真是心里没有什么的了。谢瞻在这次宴别也作了诗,那就是《文选》中的《王抚军西阳集别时为豫章太守庾被征还东》:

祗召旋北京,守官返南服,
方舟新旧知,对筵旷明牧。
举觞矜饮饯,指途念出宿,
来晨无定端,别晷有成速。

115

> 颎阳照通津,夕阴暖平陆,
>
> 榜人理行舻,辒轩命归仆。
>
> 分手东城闉,发棹西江澳,
>
> 离会虽相亲,逝川岂往复?
>
> 谁谓情可书? 尽言非尺牍。

这完全是一种正在得意的官僚文学,表面堂皇典雅,内容是什么也没有的,比起陶渊明的诗来,那就愈显得贫血了。就在本年,谢瞻在郡病殁。

宋建国的第三年,亦即杀害零陵王的第二年。是永初三年壬戌(公元四二二年),刘裕病倒了。他临死时告诉太子说:"檀道济虽有干略而无远志,非如兄韶有难御之气也。徐羡之傅亮当无异图。谢晦数从征伐,颇识机变,若有同异,必此人也。"这是他对他的人才的评论及防范。徐羡之、傅亮、谢晦、檀道济是同被顾命的四人。刘裕死时六十岁,陶渊明这时五十八岁了。

继刘裕而立的是他的太子刘义符,历史上称为宋少帝的。少帝立,景平元年癸亥(公元四二三年),陶渊明五十九岁。这时刘裕的第三子刘义隆(即宋文帝)为宜都王,在江陵。陶渊明的友人庞参军(并非故人庞通之)㊳奉江州刺史王宏的命往江陵,陶渊明曾有赠答诗:

> 三复来贶,欲罢不能。自尔邻曲,冬春再交;款然良对,忽成旧游。俗谚云:数面成亲旧,况情过此者乎?人事

好乖,便当语离;杨公所叹,岂惟常悲? 吾抱疾多年,不复为文,本既不丰,复老病继之。辄依《周礼》往复之义,且为别后相思之资。

> 相知何必旧? 倾盖定前言。
> 有客赏我趣,每每顾林园。
> 谈谐无俗调,所说圣人篇。
> 或有数斗酒,闲饮自欢然。
> 我实幽居士,无复东西缘,
> 物新人惟旧,弱毫多所宣。
> 情通万里外,形迹滞江山;
> 君其爱体素,来会在何年?
>
> ——《答庞参军》

这是这年春天的事,到了冬天,庞参军又奉宜都王之命由江陵赴京路过浔阳,陶渊明又有赠答诗一首:

> 庞为卫军参军,从江陵使上都,过浔阳,见赠。(按:卫军即王宏,王宏进号卫将军在永初三年,亦即上年,这也可证明诗的年代。)

> 衡门之下,有琴有书,
> 载弹载咏,爰得我娱。
> 岂无他好,乐是幽居,

117

朝为灌园，夕偃蓬庐。

——其一

人之所宝，尚或未珍，
不有同好，云胡以亲？
我求良友，实靚怀人，
欢心孔洽，栋宇惟邻。

——其二

伊余怀人，欣德孜孜，
我有旨酒，与此乐之。
乃陈好言，乃著新诗，
一日不见，如何不思？

——其三

嘉游未歇，誓将分离，
送尔于路，衔觞无欣。
依依旧楚，邈邈西云，
之子之远，良话曷闻。

——其四

昔我云别，仓庚载鸣，
今也遇之，霰雪飘零。
大藩有命，作使上京。

岂忘晏安？王事靡宁。

——其五

惨惨寒日，肃肃其风，
翩彼方舟，容与冲冲。
勖哉征人，在始思终，
敬兹良辰，以保尔躬！

——其六
——《答庞参军》

"昔我云别，仓庚载鸣"，正是上一次写诗赠答的时候。王宏是当时的一个要人，宜都王后来立为文帝，他又可能是参与机密的⑤，所以这次庞参军往来于浔阳、江陵与京师之间，可能就与这事有关。饱经世变的陶渊明一则劝他，"君其爱体素"，再则劝他，"以保尔躬"，言外是政治上的玩火要小心呢。至于陶渊明自己的态度也有显明的表示，"我实幽居士，无复东西缘"，"岂无他好，乐是幽居"。他和当时一些热中的人是更划分了界限了。

他看到他的一些友人像羊松龄、殷景仁、周续之以及这位庞参军等，统统是依附于新势力的，他却宁愿关心商山四皓的遗迹，他却宁愿自居为"江湖多贱贫"，他却宁愿像许由样的住在颍水之滨，他却宁愿始终作一个"幽居士"。不但如此，他也希望他的友人能和他同调。这样的情义，也就是《停云》一诗所表现的：

119

停云,思亲友也。樽湛新醪,园列初荣,愿言不从,叹息弥襟。

霭霭停云,时雨濛濛。
八表同昏,平路伊阻。
静寄东轩,春醪独抚。
良朋悠邈,搔首延伫。

——其一

停云霭霭,时雨濛濛。
八表同昏,平陆成江。
有酒有酒,闲饮东窗。
愿言怀人,舟车靡从。

——其二

东园之树,枝条载荣。
竞用新好,以招余情。
人亦有言,日月于征。
安得促席,说彼平生。

——其三

翩翩飞鸟,息我庭柯。
敛翮闲止,好声相和。

120

岂无他人，念子实多。

愿言不获，抱恨如何！

——其四

"竞用新好，以招余情"，宋人汤汉解作"谓相招以事新朝"，这是对的。陶渊明不但自己不愿应招，而且想劝那些人也回头，所以说，"安得促席，说彼平生"，"愿言不获，抱恨如何"。

陶渊明《拟古》中有两首，也有类似的情感：

荣荣窗下兰，密密堂前柳，

初与君别时，不谓行当久。

出门万里客，中道逢嘉友，

未言心相醉，不在接杯酒。

兰枯柳亦衰，遂令此言负。

多谢诸少年，相知不忠厚；

意气倾人命，离隔复何有。

——其一

仲春遘时雨，始雷发东隅，

众蛰各潜骇，草木纵横舒。

翩翩新来燕，双双入我庐，

先巢故尚在，相将还旧居。

自从分别来，门庭日荒芜，

我心固匪石，君情定何如。

——其三

"多谢诸少年,相知不忠厚",这不俨然是对周续之那般人所说的"老夫有所爱,思与尔为邻。愿言诲诸子,从我颍水滨"么?"我心固匪石,君情定何如",这不是说自己对他们的热情还是有的,就是不知道这些人能不能愿意和自己同调么?陶渊明心里是热的,可是周围是非常非常寂寞的,因为朋友们都一个一个离开他,去"易代随时"了!

少帝立了以后的第二年,即景平二年甲子(公元四二四年),刘裕次子刘义真(庐陵王)和谢灵运、颜延之交好,说"得志"后就要以颜、谢为宰相,这事深遭徐羡之等的忌恨,因为他们是立刘裕第三子刘义隆为天子的,于是刘义真被贬为庶人,谢灵运出为永嘉太守,颜延之出为始安太守。这件事也就是谢灵运在刘义隆立为文帝之后终于被杀的真正原因。颜延之则是幸亏自己儿子做了大官,才保全了首领。谢灵运到了永嘉,就产生了那些有名的山水诗。颜延之到始安,则经过浔阳,便又和陶渊明晤聚起来。这时陶渊明已经六十岁了。传说这次颜延之每天都去找他,每见必醉,临去的时候,还给陶渊明留下二万钱,但陶渊明全部送给了酒家。⑩因为颜延之这时也在失意,所以和陶渊明就更谈得上来了。

刘义隆的竞争者刘义真已被打倒,就在这年五月把少帝废为营阳王,六月把他打死,同月把刘义真也杀了。刘义隆八月到了建康,即位,这就是杀害了两个哥哥而立的宋文帝。景平二年到这时改为元嘉元年。在这一幕政变中,除徐羡之外,傅亮、王弘、檀道济、谢晦等都是重要人物。他们全加了官。就在这种统治阶级的内部斗争中,北方的敌人魏国便把势力扩张了,并向南方进行了侵略。

　　宋文帝既得帝位,现在也到了他表演"鸟尽废良弓"的时候了。在元嘉二年乙丑(公元四二五年),就已有布置。到元嘉三年丙寅(公元四二六年),便公布了徐羡之、傅亮、谢晦等杀营阳王、庐陵王的罪状。徐羡之自杀,傅亮被诛,谢晦却想据江陵抵抗,但结果被檀道济打败,也被杀掉。其实徐羡之等那个政变的阴谋,宋文帝并非不知,甚而还是主动,不过杀他们灭口就是了。王宏是靠了随时退让,檀道济是靠了还能卖一点傻力气,所以才能保全(但他的保全还是暂时的)。谢晦的事解决后,檀道济在这年的五月继王宏为江州刺史。

十　陶渊明的死

檀道济同样注意到浔阳有一位名人陶渊明。这时陶渊明六十二岁了。又老,又穷,又饿。檀道济去看他,他正病倒。檀道济劝他出仕,说:"贤者处世,天下无道则隐,有道则至,今子生文明之世,奈何自苦如此?"他答道:"潜也何敢望贤,志不及也!"⑩陶潜是陶渊明入宋以后所改的名字。他一切看透了,还出来做什么?檀道济又送他肉和米,他也拒绝了没要。⑫这表明他晚年的态度是更坚决了。

到了次年,即元嘉四年丁卯(公元四二七年),五月间,曾经有瘟疫流行。他的身体早已衰弱,到了九月就病殁了。他的友人颜延之给他作了诔文。其中说,"疾惟痁疾,视化如归",多日之虐曰痁,大概他是死于恶性虐疾的吧。

陶渊明的死是异常从容的。他早写下了遗嘱,那就是《与子俨等疏》。其中说到自己的个性是,"性刚才拙,与物多忤";说到自己的经历是,"少而穷苦,每以家敝,东西游走";说到自己的得意生活是,"少学琴书,偶爱闲静,开卷有得,便欣然忘食,见树木交荫,时鸟变声,亦复欢然有喜,常言五六月中,北窗下卧,遇凉风暂至,自谓是羲皇上人"——这确乎是他的理想,《桃花源记》不过是这个理想的扩大,他自己的生活也可说是实现了这个理想的一部分;最后,他说到对儿子们的希望,是"兄弟同居,至于没齿","七世同财,家人无怨色",那就是要维持一个几世同堂的封建大家庭,这恰是代表他所爱

124

的正统儒家的思想处。很旷达,也很头巾气,这正是陶渊明!

遗嘱大概写在五十六岁以后,因为陶渊明已经提到"济北汜稚春,晋时操行人也",那就是晋亡以后了。他自五十岁以后就多病,病重时就写下这遗嘱。这样就可以解释其中"年过五十"的话了,虽然并不必因此就证明他只活了五十多岁。

明确地写在死的当时的是《挽歌诗》和《自祭文》。《挽歌诗》是这样:

> 有生必有死,早终非命促。
> 昨暮同为人,今旦在鬼录。
> 魂气散何之?枯形寄空木。
> 娇儿索父啼,良友抚我哭;
> 得失不复知,是非安能觉?
> 千秋万岁后,谁知荣与辱;
> 但恨在世时,饮酒不得足。
>
> ——其一

> 在昔无酒饮,今但湛空觞。
> 春醪生浮蚁,何时更能尝!
> 殽案盈我前,亲朋哭我傍,
> 欲语口无音,欲视眼无光。
> 昔在高堂寝,今宿荒草乡;
> 一朝出门去,归来良未央。
>
> ——其二

荒草何茫茫,白杨亦萧萧。

严霜九月中,送我出远郊。

四面无人居,高坟正嶕峣,

马为仰天鸣,风为自萧条。

幽室一已闭,千年不复朝。

千年不复朝,贤达无奈何。

向来相送人,各自还其家。

亲戚或余悲,他人亦已歌,

死去何所道,托体同山阿!

——其三

《挽歌诗》写出"严霜九月中",是和《自祭文》中写出的"律中无射"相符的。所以我们认为是同时所作。在《挽歌诗》中表现了他最后的诙谐,"但恨在世时,饮酒不得足";同时也表现了他思想上最后已是一个彻底的唯物论者,"死去何所道,托体同山阿",比《形影神》诗的写作时更进了一步。在《自祭文》中则总结了他的贫困的一生:"自余为人,逢运之贫","人生实难,死如之何!"这说明他的生活是有踏踏实实的内容的,他的作品正是这些生活的踏踏实实的反映。

性刚才拙的他,倔强的他,最后对死是在轻蔑着。

依照了他的嘱咐,他的葬礼是在单纯朴素中举行,正如他所经历的,所爱好的单纯朴素的一生。

十一 尾 声

　　和他有关系的几个人物后来的情形是这样:做江州刺史最久的王宏在他死后五年就死去了;和他同时的然而年轻些的诗人谢灵运则在他死后六年被杀;那个给宋文帝卖过力气当时没有被诛的檀道济在他死后九年终于因功高诛死;给他写诔文的颜延之则是长寿的,在他死后又活了二十九年。

　　陶渊明在生前虽然是有些寂寞的,但在他死后七八十年就得到了一个极其热心的宣扬者, 这就是昭明太子萧统(公元五〇一年—五三〇年)。给他编了集子——据说这是中国诗人的第一个专集,给他写了传记,在《文选》中并选入了他的九篇诗文。此后不到二十年,陶集的爱好已经越过了国界,北齐也有了阳休之的编订本。后来几乎所有的诗人都歌咏到他。对于他的诗文的研究,宋元以来尤盛,在中国所有诗人中,注释家之多,恐怕除了杜甫之外,是没有人可以和他相比的了——这说明人们对陶渊明的重视和敬仰。

一九五二年十月八日写毕

127

[注]：

①梁启超主张陶渊明生于三七二年，见其所著《陶渊明》。他的证据主要在《斜川诗》，认为首句作"开岁倏五十"的对，序中作辛酉(公元四二一年)的对，因此而推知陶的生年。但是诗序明言"正月初五"，诗句作"开岁倏五日"正是一贯的。因此也就不见得作辛酉不作乙丑之必要。古直主生于三七六年，见其所著《陶靖节年谱》，主要证据在《祭从弟敬远文》的"相及龆龀"一句话，认为龆指十二，龀指七岁，他们相差五岁；又就祭文中"年甫过立"推知敬远卒时为三十一，而陶为三十六；祭文作于四一一年，因推知生年。但这也是不巩固的，因为好几种宋本"相及龆龀"是作"相及龆齿"。同时梁、古二氏往往改动诗文，以成其说，这是不能令人心服的。逯钦立《陶渊明年谱稿》(《历史语言研究所集刊》第二十本上，一九四八年)说略同古直。

②六十二岁之说见于《宋书·晋·萧统·陶渊明传》。元嘉四年(公元四二七年)为卒年，故推知其生年为三六五年。这个说法的最大好处是符合陶渊明初仕为"是时向立年"(年二十九)，到最后归来为"亭亭复一纪"(十二年)，那年是公元四〇五年，年四十一。

③根据日本堂谷宪男《支那美术史论》中的《顾恺之试论》一文。

④何孟春本引刘履说"三当作踰，或在十字下"，陶澍又说"三当作已"，那就是这句话有这样几个可能：一去三十年，一去踰十年，一去十三年，一去已十年，但他们都没注意"一去三十年"是陶渊明所常说的，正如上引"闲居三十载"见《还江陵诗》。且宋曾集本校各本异同最富，但此句下并无异文。故作"一去三十年"为是。

⑤《资治通鉴》卷一百十一："会稽世子元显性苛刻，生杀任意，发东土诸郡免奴为客者，号曰乐属，移置京师，以充兵役。东土嚣然苦之，孙恩因民心骚动，自海岳率其党，杀上虞令，遂攻会稽。"

⑥《资治通鉴》，同卷。

⑦朱自清《陶渊明年鉴中之问题》释《世说新语》"陆机赴假还洛",说："赴假当即今销假意。"《清华学报》九卷三期,页五九八。

⑧见宋吴仁杰编《年谱》辛丑年引。

⑨《资治通鉴》卷一百十二。

⑩"尔"又作"余",就陶渊明在此诗中所表现的身份论,应该是"尔"字。

⑪丁福保《陶渊明诗笺注》卷三,引程穆衡《陶诗程传》:"是年盖有以高士充隐,给其资用,使居山林,下诏旌体者,故始以高操非所攀,末以兹契谁能别为言,诚耻之,诚慎之也。"

⑫《宋书》卷二,《武帝本纪》中。

⑬《资治通鉴》,卷九十七。

⑭同上,卷九十九。

⑮同上,卷一百十三。

⑯《晋书》,卷九十二,《文苑传》。

⑰黄文焕《陶诗析义》,卷四。

⑱古直《陶靖节年谱》,页十九。

⑲朱熹、李公焕、吴师道均主"上京"在栗里,王质、吴仁杰谓"上京"指京师。

⑳《资治通鉴》,卷一百十三。

㉑《资治通鉴》,卷一百十三:"初裕名微位薄,轻狡无行,盛流皆不与相知。"

㉒《宋书》,卷三,《武帝本纪》下。

㉓《南史》,卷一,《宋本纪》上。

㉔并宋文帝孝武帝言,故称子孙。

㉕据曾集本引一本有"之妻"二字。

㉖丁福保《陶渊明诗笺注》卷三,引程穆衡《陶诗程传》。

㉗从曾集本。有作"来"者。因为是获早稻,"负来还"也近情。

㉘见《莲社高贤传》,王谟《汉魏丛书》本。

㉙《资治通鉴》,卷一百十六。

㉚《世说新语·文学篇》,刘孝标注引《续晋阳秋》:"询绰并为一时文宗,自此作者悉体之,至义熙中谢混始改。"

㉛逯钦立《形影神诗与东晋之佛道思想》,《历史语言研究所集刊》第十六本(一九四七年)。

㉜见《莲社高贤传》。

㉝《资治通鉴》,卷一百十八。

㉞同上。

㉟同上。

㊱同上。

㊲陈寅恪《桃花源记旁证》,《清华学报》十一卷一期(一九三六年)。

㊳陶澍注《陶靖节集》,卷二。

㊴见《莲社高贤传》。

㊵宋汤汉注。

㊶《宋书》,卷九十三,《隐逸传》。

㊷《晋书》,卷九十四,《隐逸传》。

㊸《宋书》卷四十二,《王弘传》:"性又偏隘。"

㊹一本作"辛丑",辛丑为四〇一年,时陶渊明年三十七,与诗中"吾生行归休"老境不合。

㊺一本作"五十",我们认为"五日"与序中"正月五日"合,作五十则年谱要整个变动,而很多年代都不符合。

㊻《晋书》,卷八十九,《忠义传》。

㊼原作"西灵",据汤汉注改。

㊽原作"平生",据汤注从韩子苍本改。

㊾除韩子苍、汤汉、黄文焕、陶澍对此诗有所发明外,近人古直亦有解

释。储宛峰有《陶渊明述酒诗补注》，见《辅仁学志》八卷一期（一九三九年六月）。逯钦立有《述酒诗题注释疑》，见《历史语言研究所集刊》第十八本（一九四八年）。

㊿见吴骞《拜经楼诗话》。

�51参看陶澍注。

�52据丁福保本改定。

�53各本作"志"，据陶澍本校正。

�54《魏志》卷十一。

�55陈寅恪《桃花源记旁证》。

�56吴仁杰《靖节先生年谱》元熙二年条："集中诗文，于晋年号或书或否，固不一概，卒无一字称宋永初以来年号者，此史氏所以著之也。"这是对于甲子问题的最清晰的说明。

�57同上元嘉三年条。

�58参陶澍《答庞参军》（四言）注引王谟说。

�59陶澍《靖节年谱考异》，元熙元年条："王宏兄弟王昙首王华皆为宜都王参佐，后皆以定策功贵显。营阳之废，王宏亦至建康与谋。时众欲立豫州，而徐羡之以宜都有符瑞，宜承天统，此必王宏兄弟先使参军往来京都，与徐傅等深布诚款，故江陵符瑞得闻于中朝。……其后文帝讨徐傅谢之罪，而宏独蒙宠显，良有故矣。"

60《宋书》卷九十三，《隐逸传》。

61萧统《陶渊明传》。

62亦见萧统《陶渊明传》，但他叙述的次序误置在彭泽令前。

陶渊明论

陈洪绶(1599-1652)画"陶渊明采菊图"

一　论陶渊明的政治态度

　　自来论陶渊明的人大概分成极端的两派:一派是认为陶渊明的诗是"忠愤",这方面的代表就是宋汤汉、明黄文焕,他们觉得他是晋室的忠实奴仆;一派是认为陶渊明超然于当时的政争,这方面的代表可推宋辛弃疾、近人梁启超。辛弃疾在词中曾这样称赞陶渊明,"都无晋宋之间事,自是羲皇以上人"。梁启超曾说:"若说所争在什么姓司马的姓刘的,未免把他看小了。"

　　我们认为这两派都是不对的。从陶渊明所佩服的先辈陶侃和孟嘉看:陶侃几乎篡位,孟嘉依附"叛逆"的桓温;陶渊明不会对晋室效什么愚忠。东晋最末一个皇帝——恭帝——在被逼着禅位给刘裕时,已经说二十年经过桓玄政变,"天命已改",晋在当时实在只是一个空名,陶渊明犯不着为晋亡惋惜。刘裕之篡晋,也不过如桓玄、桓温、苏峻、王敦,甚而陶侃所企求的,在陶渊明看也应该没有什么惊异的感觉。所以,说不上什么"忠愤"。这些人所以这样讲,完全是拿后世的人对于一般的改朝换代应有的反应去看陶渊明,殊不知晋时看篡位已看惯了。就陶渊明说,他已经过了四个朝代,晋改为楚,楚又改为晋,晋再改为宋。要他忠,他实在无从忠起。

　　然而如果认为陶渊明是毫不关心时事,是那么超然,这同样不合事实。萧统称赞陶渊明的诗的两个优点之一即"语时事则直而可想",萧统离陶渊明年代较近,对其中所指的时

135

事比我们了然得多,所以才有这话,正如我们现在年纪较大的人读鲁迅的杂感就容易知道其中所指的事实一样。钟嵘《诗品》称陶渊明的诗,"其源出于应璩",这话很多人不了解。其实就现存的应璩的《百一诗》看来,正是因为《百一诗》讽时,也就正是萧统所谓"语时事则直而可想"的意思。用我们现在的话讲,就是说其中有一些现实主义的成分,在一定程度上反映或暴露了当时的一些政治事件。

事实上陶渊明的政治苦闷是有的。他自己虽然不是出身名族,因为如果陶侃是他的曾祖,陶侃已经是出身寒微,被人骂为"溪狗"的人,况且陶渊明还未必是他的曾孙,再看陶渊明仕宦之迟(二十九岁才初仕),仕宦之难(一个"彭泽令"还曾"求之靡途"),都见他不能与当时的王、谢比,然而由于风习和教养,他的诗文中是清楚地反映了没落的士族意识的。他不满意当代而"慨念黄虞","遥遥望白云,怀古亦何深","于田舍怀古","自谓是羲皇上人"了。他觉得各处都不对劲儿,"时乖运见疏","履运增慨然","咄咄俗中愚,且当从黄绮","摆落悠悠谈,请从余所之"。在这些诗句中都充分地表现了他的没落的情感。他对于当时在仕宦中得意的人总是不满的,或则说,"良才不隐世,江湖多贱贫",或则说,"愿言诲诸子,从我颖水滨",或则说,"愿言不获,抱恨如何",甚而说什么"语默自殊势,亦知当乖分","纡辔诚可学,违己讵非迷,且共欢此饮,吾驾不可回"。这都见出他的政治苦闷来。

在他所经历的几度政变中,有没有表现他对晋室的留恋呢?虽不能说绝对没有,但总是在情感上很稀薄的。晋末两个皇帝遭刘裕毒手,陶渊明的同情是有的,他有一些激昂的愤慨也是真的。《述酒》诗就是证明。然而他并非觉得非殉难不可。《咏三良》便可见出他的态度,"忠情谬获露,遂为君所私",有那种机缘,自然应该"投义志攸希",否则是认为大可不必了。他对于刘裕的态度是反对的,这也很明显,因为他讥讽过给刘裕做参军的殷景仁,他向羊松龄表示过虽然也有兴趣于刘裕的"九域甫已一"的功劳,然而他更关心的是那几个逃避暴秦(这里应该读暴刘)的古人,"路若经商山,为我少踌躇,多谢绮与角,精爽今何如"。那么,他在身经三个政权中比较有好感的是哪一个呢?在我们看,倒是桓玄。这是从这些事实看出来的:他给外祖写了详细的歌颂的传记,而他的外祖正是桓玄的父亲桓温的长史,也陪着桓温入了《叛逆传》的;他自己到过江陵,参加过桓玄的政权;他有十二年的仕宦与耕田的矛盾生活,然而在桓玄失败的次年,矛盾消除了,再也不出仕了;桓玄也是一个自然主义者,他曾和慧远辩难,而陶渊明写过《形影神》一诗,基本上是支持了桓玄的论点,这说明他们思想上的一致;他作过"种桑长江边,三年望当采,……本不植高原,今日复何悔"的诗,除了惋惜桓玄是很少有其他可能的;况且,我们还可以这样来想象当时的情况:晋室是已经不行了,刘裕是一个为当时士大夫阶级所瞧不起的老粗,那么,曾经厚待过文人并且事实上也曾为文人所视为中心的桓氏,兼之桓玄本人也是一个善清谈,能文章,酷爱法书名画的才士,以具有没落的士族意识的陶渊明选择其间,倾向桓氏而无视晋室和鄙夷刘裕,这不是再自然也没有

137

的么？

桓玄失败了，这就是陶渊明写《归去来兮辞》的真正的政治上的原因。这也就是陶渊明后半生有二十二年的躬耕生活的真正的政治上的原因。

陶渊明对于当时统治阶级的内部斗争的关系就是如此。陶渊明对于披着天师道的宗教外衣而实质上是农民起义的孙恩、卢循、徐道覆等战役的态度怎样呢？他似乎曾参加过刘牢之镇压孙恩之乱的战争，这就是在"在昔曾远游，直至东海隅"一诗里所透露的。他说"此行谁使然？似为饥所驱"，又说"恐此非名计，息驾归闲居"，这一方面表现他由于阶级出身的限制不能对农民起义的意义有充分的理解，但另一方面也表现他并不以刘牢之、刘裕等的对老百姓的蹂躏的行为为然。他的内心是多少有些波动的。这也正是像他那样的阶级的人而又多少有一点正义感所应该表现的。

至于陶渊明对于一般的农民态度是怎样呢？我们认为他在自己劳动生活的体会中，最初距离是大的，后来却慢慢缩短。例如他在三十九岁所写的诗中还是"解颜劝农人"，还是"顾尔俦列，能不怀愧"，很有些教训农民的味道；在他四十一岁所写的文章中还是"农人告余以春及，将有事于西畴"，是一种旁观的地主的神气；然而在他四十二岁以后，即写过《归去来兮辞》以后，认真地过一种农民生活的时候，就"相见无杂言，但道桑麻长"，"晨兴理荒秽，带月荷锄归"了；在他四十六岁时，由于过着那种"晨出肆微勤，日入负耒还"的实际劳动的生活，于是感到"田家岂不苦，弗获辞此难"了；到了他五十二岁,更体会到"饥者欢初饱,束带候鸣鸡";最后,到了晚年,他总结了他一生是"弱年逢家乏,老至更长饥";他的死是结束在"勤靡余劳,心有常闲,……人生实难,死如之何"之中。——由于贫困,对于一切贫困者有了同情,他模模糊糊体会到了自从阶级社会产生之后,就有了被剥削的穷人,"重华去我久,贫士世相寻"了。自然,他首先感到的是贫穷的知识分子,因为他自己是一个贫穷的知识分子。自然,他只是感到,充其量,是把这个事实说出来;再充其量,是缅怀那个远没有这种现象产生的社会——"慨想黄虞","羲皇上人","无怀氏之民","仰想东户时,余粮宿中田",以及"乃不知有汉,无论魏晋"的一个桃花源,在那里是"秋熟靡王税",没有剥削的,然而"俎豆犹古法,衣裳无新制",没有问题,却也是只在古代!

就他不能看到未来论,就他不能理直气壮地看到农民的力量论,就他不能十分重视当时的农民起义论,就他不能分别地对待刘裕在北伐上的贡献和刘裕取得政权的方式的卑劣论,陶渊明是有他阶级的限制的。然而就他体会了饥饿和劳动的生活论,就他看出了封建剥削社会的不合理,同时又有一个没有封建剥削的理想社会制度论("仰想东户时,余粮宿中田","春蚕收长丝,秋熟靡王税"),就他不能心安理得地跟随刘牢之、刘裕去镇压农民的起义论,就他一旦有一部分觉悟再不愿意给统治者做帮凶的官吏,而宁愿自己劳动,同一般贫苦的农民过同样的生活论,他的思想情感是有极大部分反映了被压迫的劳动人民的思想感情的。也就是在这一点上,他不但不像司马相如那样的统治阶级的阿谀者,而且他也不单纯是一个经过改朝换代后的一个愚忠的遗老之流,他有很多部分是人民的代言人。在中国所有的诗人中,像他这样体会劳动,在劳动中实践的人,还不容易找出第二人。因此,他终于是杰出的,伟大的了。

从上面我们可以看到,他和农民的距离是由大而小。这和他的阶级升降也不无相关。他的出身可说是一个没落的官僚地主家庭。祖父曾是武昌太守,父亲却似乎已经没有什么官职(姿城或安城太守之说并不可靠)。他初仕时说"投耒去学仕",那时他二十九岁;始作镇军参军时说"暂与园田疏",那时他三十五六岁,可见他本来已经在过园田生活。问题是:他是地主呢?还是农民?是大地主还是中小地主?我们从他四十二岁《归园田居》的诗中"方宅十余亩,草屋八九间"看,住宅已占地十余亩,耕地面积当不止此,所以那时应该起码是一个中等地主的光景。但他晚年家里着了一把火,要住在船上过一个时候,新居的狭小竟是"敝庐何必广,取足蔽床席",而他自己体会到"饥者欢初饱",以及从那些"田家岂不苦","四体诚乃疲","日暮负禾还"等话看来,可见他又是参加大部分劳动的。再证之以颜延之说他"居无仆妾"(这也是晚年的光景,因为颜延之与他相识在晚年,而他在《归去来兮辞》创作的时候还是"僮仆欢迎"呢),更可见他晚年是愈接近于一个农民的生活了。这阶级生活的变动,就不可避免地影响了他的思想情感的变化。这不但表现在他的政治态度上,也还表现在他的思想态度上。

二　论陶渊明的思想态度

陶渊明的思想也是变化地发展着的。

陶渊明早年所受的教育，没有疑问是儒家。"少年罕人事，游好在六经。行行向不惑，淹留遂无成"，这是他的自白。大抵一直到他四十一二岁以前，他的儒家思想是正浓厚的时期。作在他四十岁的《荣木》一诗，序中也写道，"总角闻道，白首无成"，而诗中则说，"先师遗训，余岂云坠！四十无闻，斯不足畏。脂我名车，策我名骥，千里虽遥，孰敢不至"，可见他学道——儒家的道——的决心和勇气还是十分健旺的。

因为儒家思想是他早年所受的基本教育，所以对他的印象特别深，影响特别大。我们看他念念不忘于先师、圣人和六经：

> 先师有遗训，"忧道不忧贫"。
>
> ——《癸卯岁始春怀古田舍》

> 谈谐无俗调，所说圣人篇。
>
> ——《答庞参军》

> 奉上天之成命，师圣人之遗书。
>
> ——《感士不遇赋》

孔耽道德，樊须是鄙。

董乐琴书，田园不履。

若能超然，投迹高轨，

敢不敛衽，敬赞德美。

——《劝农》

义农去我久，举世少复真。

汲汲鲁中叟，弥缝使其淳。

凤鸟虽不至，礼乐暂得新。

洙泗辍微响，漂流逮狂秦，

诗书复何罪？一朝成灰尘。

区区诸老翁，为事诚殷勤。

如复绝世下，六籍无一亲？

——《饮酒》，其二十

很多儒家的思想已化成他自己的语言，例如，"斯滥岂攸志，固穷夙所归"，"岂忘袭轻裘，苟得非所钦"，"闲居非陈阨，窃有愠见言，何以慰吾怀，赖古多此贤"，他已经把儒家经典的语汇变成自己的诗的语言了。

正是由于他的热爱儒家思想，所以他瞧不起那些表面提倡经学而行为不配推崇儒家的人，他讽刺周续之等依附军阀讲经，"马队非讲肆，校书亦已勤"。

正是由于他的儒家思想，才排拒了当时莲社一般人的佛教思想。他答复刘遗民的话是："山泽久见招，胡事乃踌躇，直为亲旧故,未肯言索居。"他怀疑如果参加这一般不作"世上语"的人的集团会不会受骗:"厌闻世上语,结友到临淄,稷下多谈士,指彼决吾疑。装束既有日,已与家人辞,行行停出门,还坐更自思。不畏道里长,但畏人我欺,万一不合意,永为世笑嗤。"他正式地和莲社的领袖在思想上开火,那就是《形影神》三诗,虽然写那诗的时候思想已入于晚年而又不只是儒家立场了。

是儒家思想坚强地支持了他的安贫乐道,像他说,"安贫守贱者,自古有黔娄。……从来向千载,未复见斯俦。朝与仁义生,夕死复何求!"再如他屡次提到的固穷节,"历览千载书,时时见遗烈,高操非所攀,谬得固穷节","不愿固穷节,千载当谁传","竟抱固穷节,饥寒饱所更","谁云固穷难,邈哉此前修","宁固穷以济意,不委曲而累己",这统统是由儒家所说的"君子固穷"这观念出发的。他曾说,"贫富常交战,道胜无戚颜",这帮助他取得了胜利的"道"正是儒家思想。儒家思想使他的坚强的人格更多了一分色泽,也更多了一番光彩。

正是由于儒家思想,使陶渊明浓厚地表现了封建社会中家人父子的伦理感情。像他对于刘遗民所说的:"直为亲旧故,未肯言索居。"一直到他晚年,他也仍然说:"丈夫志四海,我愿不知老,亲戚共一处,子孙还相保。"他在外飘荡太久了,他急于回家的主要理由便是:"一喜侍温颜,再喜见友于。"他对于父母、亲旧、兄弟的感情是如此。他对于孩子的情感就更超乎此。像他为儿子写了《命子》诗、《责子》诗,还写了《与子俨等疏》。他把子女对自己的安慰看作高于一切,"弱子戏我

143

侧,学语未成音,此事真复乐,聊用忘华簪"。后来的大诗人杜甫笑他:"陶潜避世翁,未必能达道,有子贤与愚,何必挂怀抱。"我们在这里不想反讥杜甫也同样是对自己的孩子"挂怀抱"的,但我们却要指出陶渊明对子女的情感是非常突出的。我们试看他《归去来兮辞》中说的他回家的情景,"稚子候门","携幼入室,有酒盈樽"。再看他《酬刘柴桑》诗中说的"今我不为乐,知有来岁否?命室携童弱,良日登远游"。可见他一回家,就一定是被孩子们包围着,一片欢笑声;他一出门,就一定是大的小的都跟随着他。

正是由于他是一个具有浓厚的儒家思想的诗人,能够写出儒家所称赞的封建社会道德和封建社会情感,所以他博得了宋代理学家像朱熹、真德秀等人的喝彩。陶渊明在中国诗人中的地位,自宋以后愈来愈高,正是和那些理学家的赞扬宣传分不开的。

同时,正是因为他是有浓厚的儒家思想的人,他在诗文中表现的封建地主的意识形态也就十分显著。像他在《赠长沙公》一诗里所表现的对于他这一大家族的情感,什么"于穆令族","实宗之光"等等;像他在《命子》诗里所表现的历叙他的祖上的大官厚爵,以及他如何因为"三千之罪,无后为急"而盼着生子,又如何在生子之后希望自己的儿子承继先祖的光荣;像他在《感士不遇赋》里所写的"原百行之攸贵,莫为善之可娱,奉上天之成命,师圣人之遗书。发忠孝于君亲,生信义于乡闾";像他在《咏三良》里所表现的"厚恩固难忘,君命安可违";像他在《拟古》里所表现的"闻有田子泰,节义为士雄";以及《劝农》诗中所表现的"矧兹众庶","顾尔俦列",都有俨然在人民头上而服服帖帖死心塌地维护封建统治者的意味在。这是陶渊明虽然被从前的人称为旷达而我们现在看起来有时不免有一种酸气扑鼻的头巾气的感觉的缘故,但这也是陶渊明在过去封建主义社会中特别被看重的一个缘故。我们现在也仍然看重陶渊明,但根据不在这里了。

陶渊明的儒家思想的来源是怎样呢?我们觉得可从三方面说明:一是时代,二是地域,三是家学。在时代上,东晋、西晋的风气原已有些差异,后人一概称为魏晋,那是不对的,大概东晋的人物比较严肃,因为北方国土尽失,便时常有一种哀愤的情感,也有一种事业心,同时又比较切合实际些。《世说新语·言语篇》:

王中郎甚爱张天锡,问之曰:"卿观过江诸人,经纬江左,轨辙有何伟异?后来之彦,何如中原?"张曰:"研求幽邃,自王、何以还;因时备制,荀、乐之风。"

又《政事篇》:

王、刘与林公共看何骠骑,骠骑看文书,不顾之。王谓何曰:"我今故与林公来相看,望卿摆拨常务,应对玄言,那得方低头看此耶?"何曰:"我不看此,卿等何以得存?"诸人以为佳。

殷仲堪当之荆州,王东亭问曰:"德以居全为称,仁

145

以不害物为名。方今宰牧华夏,处杀戮之职,与本操将不
侔乎?"殷答曰:"皋陶造刑辟之制,不为不贤,孔丘居司
寇之任,未为不仁!"

这种严肃而负责任的态度和西晋是十分不同了。同时对于魏
和西晋时的清谈放诞人物也大多有所批判,例如范宁就曾说
王弼、何晏之罪深于桀纣,别人问他什么理由,他答道:"王何
蔑弃典文,幽沈仁义,游辞浮说,波荡后生,使搢绅之徒,翻然
改辙,以至礼坏乐崩,中原倾覆,遗风余俗,至今为患。桀纣纵
暴一时,适足以丧身覆国,为后世戒,岂能回百姓之视听哉?
故吾以为一世之祸轻,历代之患重,自丧之恶小,迷众之罪大
也。"桓温北伐时,也曾望中原叹道:"遂使神州陆沉,百年丘
墟,王夷甫诸人不得不任其责!"在这种风气下,有利于典章
制度经济事功的儒学当然被尊重了。自然,社会上的风气在
最初扭转时不免有些阻力,例如咸康三年(公元三三七年,在
陶渊明生前近三十年),国子祭酒袁瓌太常冯怀要兴学校,立
太学,可是到"征集生徒"了,由于"士大夫习尚老庄",结果
"儒术终不振"。但这是必经的过程。在宁康三年(公元三七五
年,时陶渊明十一岁),就"祠孔子,以颜回配"了;在太元九年
(公元三八四年,时陶渊明二十岁),就"增置太学生百人"了。
这就是陶渊明的时代。他推崇儒家,他不至于像阮籍那样放
诞,我们在时代的风气中可以得到的解释就是如此。再说地
域,东晋时范宣家于豫章,他极力提倡儒学,他虽然未尝不读
老庄,但口里从来不谈。画家戴逵等便曾来听他讲学,历史上

说:"讽诵之声,有若齐鲁。"还有前面提到的范宁,曾为豫章太守,他也设立学校,提倡儒学。历史上总结二范的成绩道:"由是江州人士,并好经学,化二范之风也。"可知当时的江州就是一个儒学中心。陶渊明正是这一地域的人。而他们的时代也正是陶渊明的时代。这是从地域上可说明陶渊明的儒学的渊源的。最后说家学。自然,陶渊明的祖父、父亲对于经学如何,我们是不知道的。然而他的外祖孟嘉的弟弟孟陋却是一个儒学专家,"长于《三礼》",并著有《论语注》行于世。从时代、地域、家学上看,陶渊明的"游好在六经","总角闻道",就一点也不奇怪了。从前人所指为伪托的《五孝传》《圣贤群辅录》,有可能是出自陶渊明之手,而北齐阳休之编入《陶集》也未必是根据毫无的了。

然而话要说回来,陶渊明究竟是一个生长在长期"习尚老庄"而风气在向崇尚儒术转变着的时代的人物,所以也就不可能在他的思想中没有道家的成分,明显的是关于社会理想方面,关于生死的看法方面,他是采取道家的看法的。更确切的说,他不只是采取了老庄的思想,而且更多地吸取了当时新的道家——那就是表现在受了印度佛教的启发而产生的《列子》中的——思想。就陶渊明的思想发展说,这个色彩以他晚年——四十一岁归耕后——为最显。

先说陶渊明的社会理想。他是向往于《桃花源记》所说的那个没有剥削的原始公社式的社会的。在这里,"春蚕收长丝,秋熟靡王税","荒路暖交通,鸡犬互鸣吠","俎豆犹古法,衣裳无新制","怡然有余乐,于何劳智慧"。这不正是《老子》

上所说的"小国寡民"的生活么:"使有什佰之器而不用,使民重死而不远徙,虽有舟车无所用之,虽有甲兵无所陈之,使人复结绳而用之,甘其食,美其服,安其居,乐其俗,邻国相望,鸡犬之声相闻,民至老死不相往来。"《庄子·马蹄篇》的社会理想也是,"夫赫胥氏之时,民居不知所为,行不知所之,含哺而游,鼓腹而游",而陶渊明正有诗道,"仰想东户时,余粮宿中田,鼓腹无所思,朝起暮归眠"。《庄子·秋水篇》上又说:"当尧舜而天下无穷人。"陶渊明便也慨叹道:"重华去我久,贫士世相寻。"同时陶渊明所理想的桃花源尤像《列子·黄帝篇》所说黄帝梦游的华胥国:"其国无帅长,自然而已;其民无嗜欲,自然而已。"桃花源社会的最大特点之一也便是无帅长,也就是后来王安石在《桃源行》中所指出的"虽有父子无君臣"。那种"怡然有余乐"的生活也只有"无嗜欲"才能达到。总之,陶渊明的社会理想,除了由于他们身受的刺激以及现实中的类似的实境作为他的创作张本外,《老庄》及伪《列子》书中的描写便也是一个重要来源。这种理想是农村经济中小生产者的思想反映,如果产生在资本主义已经起来的时代,那无疑是反动的倒退的, 然而它是产生在封建社会阶级矛盾剧烈,而生产力一时又没有很大的改变的时代,它在一定程度上是反映农民的反对剥削、反对兼并、反对专制的思想的。"随闯王,不纳粮",还不是"秋熟靡王税"的要求的同义语么?只是由于阶级的限制,陶渊明不能理解到要做到"秋熟靡王税"不能只凭空想,而是要经过斗争——随闯王!

现在我们说到陶渊明关于生死的看法。他对于生死没有

看作神秘,而是看作自然现象。在这点上,他是表现了一个唯物论的思想家的精神的。他常说"化":

迁化或夷险,肆志无窊隆。

——《和戴主簿》

形骸久已化,心在复何言。

——《连雨独饮》

目送回舟远,情随万化遗。

——《于王抚军座送客》

穷通靡攸虑,憔悴由化迁。

——《岁暮和张常侍》

翳然乘化去,终天不复形。

——《悲从弟仲德》

聊且凭化迁,终返班生庐。

——《始作镇军参军》

家养千金躯,临化消其宝。

——《饮酒》

聊乘化以归尽,乐夫天命复奚疑。

——《归去来兮辞》

余今斯化,可以无恨。

——《自祭文》

从上文见出,他所谓化,就是自然物质的变化,死也是一种自然现象,所以称死也是化。这个思想和用语是来自《庄子》。《庄子·大宗师篇》:子祀、子舆、子犁、子来相与为友,以生死存亡为一体,把疾病看作不过是自然的变化,把残废也当作自然现象而不以为苦,"浸假而化予之左臂以为鸡,予因以求时夜;浸假而化予之右臂以为弹,予因以求炙鸮;浸假而化予以尻以为轮,以神为马,予因以乘之,岂更驾哉?"《至乐篇》那个生了瘤的滑介叔也持同样态度:"死生为昼夜,且吾与子观化,而化及我,我又何恶焉?""观化"就是观自然界的变化,"化及我"就是自己也是自然变化的一部分。陶渊明是同样认为"草木得常理,霜露荣悴之","死去何所道,托体同山阿"的。这也就是他乘化归尽,乐天知命的根由。但是陶渊明又不止说"化",而且说"大化"、"幻化":

纵浪大化中,不喜亦不惧。

——《形影神》

常恐大化尽,气力不及衰。

——《还旧居》

人生似幻化,终当归空无。

——《归园田居》

流幻百年中,寒暑日相推。

——《还旧居》

"大化"、"幻化"却是伪《列子》中的用语,《列子·天瑞篇》:"人自生至终,大化有四:婴孩也,少壮也,老耄也,死亡也。"《列子·周穆王篇》:"有生之气,有形之状,尽幻也。造化之所始,阴阳之所变者谓之生,谓之死。穷数达变,因形物易者谓之化,谓之幻。""幻化"合称是伪《列子》产生时代的语汇。幻化出自佛经,有所谓幻化人即指变戏法的人。伪《列子》即产生在东、西晋之交,这恰是陶渊明最新的读物,受到其中影响是自然的。在唯物论的色彩上,伪《列子》较《老庄》为彻底。庄子虽然讲"化",讲生死为一贯,还有些泛神论的思想。"化"的背后还有一个无人格的神。伪《列子》则不然,它的作者认为:"生者理之必终者也,终者不得不终,亦如生者之不得不生。……精神者天之分,骨骸者地之分,属天清而散,属地浊而聚。精神离形,各归其真,故谓之鬼,鬼归也,归其真宅。"(《天瑞篇》)这里的天地完全是物质的意义。这样我们才可以理解陶渊明在《自祭文》中说:"陶子将辞逆旅之馆,永归于本宅。"本宅就是真宅;我们才可以理解他的《挽歌诗》最后两句话,"死去何所道,托体同山阿",因为骨骸原是属于地呵!

我们敢说在关于生死的看法上,陶渊明是基本上采取老庄的,尤其是采取新出的伪《列子》的。伪《列子》有很多话,特别是《杨朱篇》,我们几乎在陶渊明的诗里找出同样意义的诗的表现。例如:

　　《杨朱篇》:万物所异者生也,所同者死也。生则有贤愚贵贱,是所异也,死则有臭腐消灭,是所同也。
　　陶　诗:老少同一死,贤愚无复数。
——《形影神》

　　《杨朱篇》:且趣当生,奚遑死后?
　　陶　诗:且极今朝乐,明日何所求?
——《游斜川》
今我不为乐,知有来岁否?
——《酬刘柴桑》
千载非所知,聊以永今朝。
——《己酉岁九月九日》

　　《杨朱篇》:理无不死。理无久生。百年犹厌其多,况久生之苦也乎?
　　陶　诗:有生必有死,早终非命促。
——《挽歌诗》
我无腾化术,必尔不复疑。
——《形影神》

运生会归尽,终古谓之然。世间有松乔,
于今定何间?

——《连雨独饮》

人生实难,死如之何!

——《自祭文》

其实这也没有什么奇怪的,因为伪《列子》产生的时代和陶渊
明相去并不远,而且有许多现实基础是相同的,自然表现出
来就是这样一致了。

陶渊明既然有儒家思想,又有道家思想,二者应该有汇
合点。事实上,也正是这样。陶渊明的基本教育虽是儒家,但
他经过老庄伪《列子》的思想的汲取已逐渐把儒家来一个道
家化。例如他所了解的孔子乃是"义皇去我久,举世少复真,
汲汲鲁中叟,弥缝使其淳",那么孔子就变成一个一心一意要
实现桃花源的乌托邦式的人物了。陶渊明也每说六经,也每
说圣人篇,然而慢慢他在其中所向往的人物乃是沮溺了:"遥
遥沮溺心,千载乃相关。"沮溺已不是儒家,而是记载在儒家
书里的老庄式的人物。

我们认为陶渊明的思想是经过一种发展的。现在明显的
表现在诗里的,可举出两个证据:一是他本来说,"少年罕人
事,游好在六经。行行向不惑,淹留遂无成",明明说"淹留"是
他在儒家思想上没有成就的根源的,这诗当作于三十八九
岁;但是他后来却写诗道,"栖迟固多娱,淹留岂无成",这句
见于《九日闲居》,因为其中有"空视时运倾"的话,可能是在

153

刘裕禅位后作,那就是在五十六岁以后了,却认"淹留"也可以有成。这其间的确有个差异。其次是他又有那么几句诗,"历览千载书,时时见遗烈,高操非所攀,谬得固穷节。平津苟不由,栖迟讵为拙",这诗作于三十九岁,见出他既不能如公孙弘样的得意,便退而为迟栖的隐士,这时虽还不是他最后的态度,然而已经见出矛盾和转变之迹了。再证之以他那成熟的社会理想大约在刘裕北伐之后,即在他五十三岁以后,更可见他晚年是逐渐走向道家的。

我们总起来可以这样说:儒家思想让他有一种操守,给他的躬耕生活以一种安贫乐道的坚强支持,同时限制了他和农民距离的真正缩短,于是有时表现为一种没落的地主官僚式的情感;道家思想却使他有一种原始公社式的社会制度理想,再结合着他自身经历的饥寒困苦,便反映了当时一般农民的一部分痛苦,同时也使他对生死有了明确的看法,使他接近于唯物论思想。他推崇儒家,不排斥道家,后来又结合为一,这就形成了他自己的独特的思想面目。至于佛家的思想,神仙家的思想,放诞的思想,在他却是无缘的。

一九五二年十月十七日

附

录

清·张凤:渊明嗅菊图

我所了解的陶渊明^①

陶渊明的诗,陶渊明的菊花,陶渊明的酒,陶渊明的桃源,使人天天在脑子里浮现着,我们甚至于会无意地冲口而出。我们对他这样熟悉,这样不忘,我们应该了解他。如果我们不了解他,越崇拜他,越敬爱他,就是越对不起他。陶渊明在专制时代的人的心目中,曾是个耻事二姓的忠实的奴隶,在刚革命的时候,又有人认为他是太自私的太不负责太不热心的标本,甚而有人说,如果人人是陶渊明,天下便完了,这都是反面的;在正面,便有人送上个闲适啦,淡远啦,孤洁啦,田园诗人啦,平民诗人啦……的头衔。这完全是侮蔑。至于胡适之先生在《白话文学史》中,说他是自然主义哲学的绝好代表者,梁任公先生在《陶渊明》中,说他的人生观,可以拿两个字来包括:自然。梁先生又说想觑出渊明整个人格,要:第一,须知他是一位极热烈极有豪气的人;第二,须知他是一位缠绵悱恻最多情的人;第三,须知他是一位极严正——道德责任心极重的人;我认为这些说法也不过还是门面话。自来论到陶渊明的人,或者只谈了对他的诗之片面印象,没剖析到里边去;或者只注意了诗人的某一阶段的思想情绪,而忘记了诗人的情绪思想是发展的。而这发展之中,又有一个作了

---

① 该文发表于《清华周刊》第三十九卷五六合期(1993 年 4 月)。署名李长之。

157

基础的不变的统一的特性，所以我倒以为陶渊明是"生命力极强"的人，他自己"性刚才拙"（见《与子俨等疏》），"才拙"是个谦词，"性刚"正是实话。生命力极强的人是如何呢？便对生命极爱惜，对人生的追求极热烈。陶渊明正是如此，萧统所谓"亲己之切，无重于身"，这说得很贴切；而他在诗中叙少年时的壮志都是对人生热烈追求的自由。在极热烈地追求人生之际，又极其爱惜生命之际，却发觉了一件如何也冲不过的东西，便是："死。""死"这个观念，是作了陶渊明"人生态度的转变的枢纽"，他为什么发觉这件东西？这不能不说还是由于他的热烈追求人生，因为热烈的追求，便非常地彻底起来；这彻底的结果，自然发觉一切都是物质的，在变的，人也不能例外，所以死是逃不掉的。陶渊明的重视死，是很被忽略的，只有鲁迅在《而已集》一篇《魏晋风度及文章与药与酒之关系》讲稿中，说他"也不能忘掉死，这是他诗文中时时提起的"。虽然时时提起，一般人却偏当作没看见。自陶渊明被死的观念袭击之后，他便是在如何地求忘掉这个幻灭的痛苦，以及如何求忘掉从前热烈的追求，又如何地求在一切幻灭之后，还有没有不幻灭的东西可以把握中求索。他的诗篇篇有酒，无非是"且极今朝乐，明日何所求"的悲哀，但他终于找到了一件可宝贵的东西，便是：爱。他说，"只因亲旧故，未肯言索居"，又说，"一喜侍温颜，再喜见友于"，这才是他最所宝贵的。在他没发觉死是逃不掉的这个观念以前，他追求的是事业，在他发觉以后，便只剩下"爱"了，其余的东西，他一概否认，一概放弃。他不信天道，说"天道悠且远，鬼神茫昧然"；他不信卫生,说"存在不可言,养生每苦拙";他认识事业的幻灭,说"鼎鼎百年内,持此欲何成","此"字指身体,指生;他也看出神仙的骗人,说"置身如已高,何必登嵩华"。他既是否认一切,也放弃一切,如果再说他和朝代的更替有什么关心,那真是神经过敏了。还是诗人辛弃疾说得对,"都无晋宋之间事,自是羲皇以上人"。然而无论如何,他虽然说,"栖迟固多娱,淹留岂无成",他终不能忘掉"大禹惜寸阴,念此使人惧"。这是在他放弃一切,否认一切之余,有时又掩不住压抑下的对人生追求的影子。这里头显然有种内心上的苦痛,杜甫所谓,"陶潜避俗翁,未必能达道",这才了解了活的陶渊明。生的解脱是不曾解脱,只令人感到一种不能解脱的悲哀。人到了绝望时,便求目前的快乐,这实在不是快乐,而是悲哀,然而一般人总以为这是快乐。陶渊明也就有乐天派的名号了。我们觉得很有趣的,便是这种的乐天派,往往是唯物论者,陶渊明也是如此呢。在大处看,陶渊明的思想上的路径,也是那一个时代的一般人的思想路径,明显的例子是晋时人作的《列子》中的《杨朱》篇。不过加上一种发自"强的生命力"的彻底性,就成了陶渊明的特出之点。我觉得一切诗人之所以伟大,就在他与我们常人的感觉相同,然而深刻许多,又能写得出的缘故。对人生的追求,追求后幻灭的悲哀,悲哀了便达观,乐天,套陶希圣先生的话语,这是一个 Dialect,人人都能有这种历程,然而陶渊明却更深刻地去生活过来,而且深刻地感得,又深刻地写出。因为普遍,我们才能了解,因为深刻和写得出,我们才称为我们的大诗人!我们爱歌德是如此,爱陶渊明,也是如此。

　　以上是我们就陶渊明的作品中所了解的陶渊明。据说诗人才能了解诗人,这我便有点不能坦然了。

陶渊明真能超出于时代么?[①]

在一般人的心目中,总有一个印象,以为陶渊明是超乎时代的,仿佛和他同时代的人有着很大的距离似的。加上欧阳修说过这样的话,"晋无文章,唯陶渊明归去来辞而已",更令人觉得陶渊明是独来独往于那个时代了。我也不否认他之高出时代,但我却更愿意从另一个角度来看他和他那一个时代的凑拍处:他绝没有和他的时代切断,他绝不是游离于那个时代之外,他乃是深深地和那时代的传统相递接着,他也隐隐地向一个时代开拓着。——其实任何所谓超时代的人物,我们都可作如是观!

陶渊明是纪元后四世纪后半到五世纪之初的人物。在思想上,那风靡于二世纪的老庄思潮(为何晏、向秀、郭象所倡导着的),曾深深地浸润着他的心灵。不错,他已渐渐有了儒家的倾向,这恰是他代表了时代之处。因为,儒家思想之抬头,不能不推八世纪的韩愈,他是一个象征人物,他后来开了宋代理学的先河;但你想,由道家到儒家,中间能没有一个转换时期的人物——兼有二者色彩的么?这就是陶渊明。宋代的欧阳修、苏轼、朱熹之所以推许陶渊明,我们在这里也可以得到一个解答。

撇开思想不说,陶渊明的风度也依然是所谓魏晋人的风

---

① 该文发表于 1947 年 9 月 5 日《大公报》(天津)文史周刊第 37 期,署名李长之。

度。他那"裸葬何必显,人当解意表"和刘伶的"死便埋我",有何区别?他常常把头上葛巾拿来漉酒,漉完了就又戴上,他说,"若复不快饮,空复头上巾",这不也和阮咸约群猪来共饮的行径差不多么?他答应去做彭泽令的时候,是因为"公田之利,足以为酒,故便求之",这不也很像阮籍听说步兵厨营人善酿,有贮酒三百斛,乃求为步兵校尉么?刺史王弘要去见他,他便称疾不见,这也很像嵇康不理钟的故事。不过他比嵇康稍微圆通一些,后来王弘托陶渊明的老朋友庞遵半道里把他截住,酒吃得高兴了,王弘也就乘机而出,便竟没有遭陶渊明的难堪;但这也只能说是程度之差而已。这大概因为时代不同,性格不同,所以比嵇康的偏激便冲淡了不少,然而嵇康那样的影子还是呼之欲出啊!

被后来人所称为最足以代表魏晋人的时代精神的书是《世说新语》,这时代精神可以用四个字来形容,这便是"简约玄澹"(袁聚《世说新语序》),但陶渊明的诗不是也为钟嵘称为"文体省净,殆无长语"么?二者多么相似——从这种意义说,陶渊明的作品,也可说就是魏晋人时代精神的沉淀物或结晶体了。陶渊明的"好读书,不求甚解",后人以为高超,其实这也就是向荣之"探道好渊玄,观书鄙草句"(见颜延之《五君咏》)。当时本有这么一种风气。如何能说陶渊明是和时代隔绝呢?——不但不隔绝,而且太密切了!

我们又知道在陶渊明之前的半世纪有郭璞,郭璞对《山海经》、《穆天子传》有着极大的兴趣,而陶渊明也就"泛览周王传,流观山海图";郭璞的同时有干宝,干宝处在那爱好小说的时代,著有《搜神记》,而陶渊明也便有《搜神后记》(从前人都疑《搜神后记》是伪书,唯陈寅恪先生说未必伪,兹依陈先生说)。这都可以看出那时的风气,而陶渊明不在这风气之外,他不但没落伍,而且很"时髦",如果"时髦"不是坏字眼。

单以陶渊明的纯文艺作品论,那就尤其明显。我们可以分题材和表现法二方面论。他的题材有许多是承袭的:

《感士不遇赋》承袭董仲舒《士不遇赋》、司马迁《悲士不遇赋》。他自序中已说明。

《闲情赋》承袭张衡《定情赋》、蔡邕《静情赋》。自序中也说明。

《归去来辞》是张衡《归田赋》、潘岳《闲居赋》一类的。

《与子俨等疏》是嵇康《家诫》一类的。

《命子》就是六朝人所喜作的"述祖德"一类,谢灵运就有这样的作品。

《责子》是左思的《娇女诗》一类。

《饮酒》二十首是六朝人所爱写的"咏怀"一类。

《读山海经》十三首就是六朝人所谓"游仙"、"招隐"一类。

其他像《拟挽歌词》,是晋人桓伊、庚晞、袁山松都做过的题目;《咏三良》是王粲、曹植都写过的;《咏二疏》是阮瑀也写过的;就是《咏荆轲》,在左思的《咏史》里也见过,而阮瑀且有着同样的题目;至于《杂诗》、《拟古》之类,更是六朝人所普遍也写着的。在同样的题目或题材之中,陶渊明的作品也许是出乎上类,拔乎其萃,但总是接近于同时代人或前一时代人所写的东西的原型,这是没有问题的。

我们再看表现法。试看下面这些句子：

往燕无遗影，来雁有余声。

　　　　——《九月闲居》

弱湍驰文鲂，闲谷矫鸣鸥。

　　　　——《游斜川》

清歌散新声，绿酒开芳颜。

　　　　——《诸人共游周家墓柏下》

南窗罕悴物，北林荣且丰。
神渊写时雨，景色奏景风。

　　　　——《五月旦作和戴主簿》

新葵郁北牖，嘉穟养南畴。

　　　　——《酬刘柴桑》

飘飘西来风，悠悠东去云。

　　　　——《与殷晋安别》

哀蝉无归响，丛雁鸣云霄。

　　　　——《己酉岁九月九日》

马为仰天鸣,风为自萧条。

这些都是对句,但十分笨拙。这种风格不但是代表六朝,而且更确切地说,乃是代表晋宋至刘宋的元嘉那个时代,放在谢灵运、颜延之的诗里似乎没有什么分别。更糟糕的是,他也照常用典,而且用到没有道理的地步。例如"再喜见友于",友于是指兄弟倒也罢了,已经不高明,至于说"巽坎难与期",用巽坎代风和水,糟不糟? 这都是六朝人的习气使然。

在我们愿意把陶渊明画成一个理想的诗人的时候,我们自然不愿意指出这些句子。但是当我们要发掘真相的时候,要指明陶渊明之和时代的距离不能离得太远的时候,我们便也应该看看这些方面了。

我们深深感到,一个人要"完全"超乎时代是根本不可能的。开明如王充,不也还相信火里有毒,火代表口舌,代表文章,因而崇实恶华么? 他没出了五行的圈儿。原因是他究竟生在东汉之初呵! 所以,我们又何必责备陶渊明? 况且歌德说过:一个人的缺点是归诸时代,一个人的优长是靠他自己! 我们独怪有些人自以为能完全超出时代,以落伍鸣高,又有些人对古人的论断每每从一个时代里游离而出, 而孤立地去看,所以不能不辨。

序①

——为陶渊明和庄子的文章而写

陶渊明的集子是我在所有诗人的集子中最早读完的一部。那时我只有十二三岁。我差不多同时读完的另一部书就是《庄子》。此外的子书或者集子,在那时是很少有耐心去窥一个全豹的了。我不敢奢言二书和我的性格或兴趣有什么契合,我也好像无从估量二书对我曾有什么作用或影响,反之,我倒渐渐看出我自己和陶渊明、庄子的距离来了,同时,我又渐渐发觉最初的了解是多么不可靠来了。——可是陶渊明和庄子之间的契合处,却又渐渐由淡弱的印象,而变为十分肯定起来。

自己省察下去,我不能,也不肯放弃自己对于人生的沉溺,像陶渊明或庄子那样子。这两人,无论如何,是有点洁癖的,我却宁愿多沾染一点泥土气。然而有一点,我却也不能否认和他们两人是生活在同样的气质里, 这就是任情感和率直。以陶渊明和庄子比,自然庄子是早看透了的人,而陶渊明却是忍耐又忍耐,最终才把不妥协的精神拿出来,而退到自己的堡垒里的。在这一点上,我自己的性情却更近于陶。也就

① 该文是 1947 年 8 月 6 日李长之为关于陶渊明和庄子的文章而写的序,手稿。

是每到这种场合,特别感到陶渊明的作品的亲切了,也特别有着要写陶渊明的评传的冲动了。可是我也说不清究竟是因为自己性格上先是那样,才喜欢陶集的呢,还是因为喜欢读陶集,才慢慢养成了那种性格?总之,无论交友或者在一个小环境里做什么事时,起初虽然不抱什么大幻想,甚而是无所谓的光景,可是日子一久下去,便越觉得浑身不对劲儿,越来越觉得严重,最后就仿佛有一种不可抗的否定的力量终于使我拂袖而起了;这时便觉得陶渊明那种"今是而昨非",以及"去去当奚道,世俗久相欺,摆落悠悠谈,请从余所之"是竟像替我代言的一般了。

可是这究竟是近来的事,最初读陶集时并不曾这样想。我还记得当时用的本子是一个石印的苏写本,也没有什么注。我往往独自一人,在院子里漫步着,而捧读起来。我读时往往很快乐,像那"俯仰终宇宙,不乐复何如",以及"欣然规往"的句子,总仿佛特别能印入我的眼帘,于是自己也就欣然起来了。那时我委实觉得陶渊明是一个快乐的人的。

过了些时候,对于陶渊明的乐观的印象消失了,但至少认为他尚是达观的。这已经是我二十岁以后的事。又过了十多年,也就是一直到现在,这达观的印象又逐渐淡了,却觉得他的诗句是那样沉痛,几乎"言尽意不舒"的情调充满了全书,竟再也寻不出十分快乐的影子了。这真奇怪!往前看见有人因为陶渊明是隐士而指责,也便单纯地以为隐士又有什么不好?那不是高尚么?那不是不食人间烟火么?现在的想法便又不同,只觉得陶渊明是有不得不隐的苦衷的,这不是高尚不高尚的问题,也不是逃避不逃避的问题,总之,这不仅是他自己的选择了,而是当时的"现实"逼他就了这条道。从前还想为他辩护,现在觉得并不是理论的问题,也无需乎辩了,那是由于种种因素,遂自然而然,产生了那种结果的。指责固然看得太浅,辩护也仍皮毛,现在所有的,却只是同情而已。——同情不一定就是说自己也羡慕那样的道路,尤其并非鼓励别人也那样走。

关于庄子,以往是当哲学读。现在却也把看法改变了,觉得他乃是一个诗人,而且是像陶渊明一样的诗人。在实际生活的体验上,他容或不如陶渊明的深切,在精进的勇气上,他容或没有陶渊明的积极(因为他缺少儒家的教养成分),此外在人生的无常,命运的渺茫,自然的运转,种种宇宙情调人生情调上却太相似了!庄子常说"悲夫",可见他是有深挚的悲感的,他正像"慷慨独悲歌"的陶渊明,而不像被认为以理化情的斯宾诺莎。

我现在不想多说庄子,不过因为它和陶集同是我最初读完的整部书,又因为和陶渊明有那么些的相似而提到他而已。

陶渊明的孤独之感及其否定精神[①]

陶渊明把世俗看作是一个世界,把自己所向往的看作是另一个世界,因而便时时有孤独之感了。在我们读任何人的诗集时,恐怕再也没有像读陶渊明的诗集时所接触的那样弥漫孤独的感觉的了。从第一首《停云》起,就说,"八表同昏,平路伊阻,静寄东轩,春醪独抚",在这里就仿佛已经有一种冷然的孑身孤立的感觉向人袭来,我们真不晓得他为什么是那样的寂寞! 在不经意的浏览时,由于他用的语气之和缓,我们也许觉得他是在平静着,甚而在和易地欢笑着,然而仔细吟味下去,就觉得他是那样的寂寞,——可怕的寂寞,太寂寞了!

他仿佛经常是没有游侣,没有酒伴。在《时运》那首诗的序上说,"偶影独游,欣慨交心",他的伴儿就是自己的影子;偶尔的赏心乐意和积久的感慨,也没有第二个人可以诉说,或者共鸣。在那首诗文里,意思就更明显,"清琴横床,浊酒半壶,黄唐莫逮,慨独在余",酒是自己喝,牢骚是自己听。《时运》只是集中第二首诗,以孤独为主要的旋律,又令我们直觉上感到是承袭着第一首《停云》,而作如线索,又贯串着全集的。果然,就是到了他那最后一篇文章《自祭文》,也仍然说:"唯此为年,夫人爱之,惧彼无成,

---

① 该文发表于 1948 年 4 月出版的《文学杂志》第 2 卷第 11 期,署名李长之。

惜日惜时,存为世珍,殁亦见思,嗟我独迈,曾是异兹。"于是他乃是一生独往,一直到死了。

陶渊明所好的是酒,昭明太子作序时,已经说,"有疑陶渊明诗,篇篇有酒",可见一般人对这事印象的深刻。但我却更注意的是,他之饮酒,往往是独饮。"春醪独抚","慨独在余",我们已经提到过了,而《连夜独饮》也曾经作为他的题目,那诗是:

> 运生会归尽,终古谓之然。
> 世间有松乔,于今定何间?
> 故老赠余酒,乃言饮得仙。
> 试酌百情远,重觞忽忘天。
>
> 天岂去此哉?任真无所先。
> 云鹤有奇翼,八表须臾还。
> 自我抱兹独, 僶四十年。
> 形骸久已化,心在复何言?

这是在他四十岁的时候,检讨自己的抱负,觉得没有亏损,而心安理得,可以自慰,但究竟是四十年的独来独往的日子,所以终于连夜独饮而已了。

最有名的《饮酒》诗,也是在孤寂的况味中。他在序上说:"余闲居寡欢,兼比夜已长,偶有名酒,无夕不饮,顾影独尽,忽焉复醉。既醉之后,辄题数句自娱。纸墨遂多,辞无诠次,聊命故人书之，以为欢笑尔。"我们看他所谓"顾影独尽"，便知他那"无夕不饮"的日子乃是寂寞地度过的。有的人喝酒是为自己痛快，有的人喝酒是为友朋快聚，但陶渊明的饮酒却是由于"闲居寡欢"——由于寂寞啊！就连他的创作也是为了"自娱"，不但《饮酒·序》如此说，《五柳先生传》上也有"常著文章自娱"的话。真的，在他那孤立的世界里，他不自娱，又将谁娱呢？

因为《饮酒》诗是产生在独饮的情况里，所以这二十首诗中也格外有着浓厚的孤独的调子。他看到曾经是东陵侯的邵平却也卖瓜，他觉悟"衰荣无定在，彼此更共之"，于是"忽与觞一酒，日夕欢自持"。因为他自己在独饮，在孤寂，所以使他触目惊心的也是一些孤独的对象，不是孤立的青松，就是独飞的归鸟：

青松在东园，众草没其姿。
凝霜殄异类，卓然见高枝。
连林人不觉，独树众乃奇。
提壶抚寒柯，远望时复为。
吾生梦幻间，何事绁尘羁？

栖栖失群鸟，日暮犹独飞。
徘徊无定止，夜夜声转悲。
厉响思清远，去来何依依！
因植孤生松，敛翮遥来归。

171

> 劲风无荣木，此荫独不衰，
>
> 托身已得所，千载不相违！

他欣赏这卓然的孤松，他同情那独飞的归鸟，同时他也觉得能够在这"劲风无荣木，此荫独不衰"之下而托身的一事之值得自傲自喜，因为这里有他的身世，有他的人格，他诚然寂寞，但他安于寂寞了。寂寞也未尝不痛苦，所以"夜夜声转思"，可是他有勇气迎接这种痛苦，并忍受这种痛苦。

就"失群"一方面说，这独飞的归鸟不免有些消极，然而就它之"托身已得所"说，就它之发现了安身立命的地方说，就它这肯定了自我说，它却仍是有无比的肯定的勇气的。"千载不相违"，这多么坚决！这和他那"道狭草木长，夕露沾我衣，衣沾不足惜，但使愿无违"，"纡辔诚可学，违己讵非迷？且共欢此饮，吾驾不可回"，以及"伊余何为者，勉励从兹役。一形似有制，素襟不可易"，同样倔强！在这里，他有一种极大的否定的力量，否定了自己所不赞成的人物和事件，但同时却也是一种极大的肯定的力量，肯定了自己的人格，肯定了自己的操守，肯定了自己的世界。也就是这种力量，使他有所防御，使他有所保障，使他坚守，使他攻击。我们不可忽略了这种力量中之否定的一方面，这否定的强度和那肯定的强度正是一事。也就是这否定的一方面，构成了他那人格的壮美性。——我不信任何壮美的东西而没有否定的大力存乎其间的！壮美必须包含对于无限之追求，之憧憬，如果没有否定，如何能完成壮美呢？从前人讲壮美，说壮美都有冲决一切形式之意，又说壮美是使一切其他东西都渺小下去之意，我觉得总不如提出"否定"作为一个重要条件，还更中肯些。

否定，否定！这就是壮美性之物必有时表现而为若有缺陷之故啊。太完全了，不会有壮美！熟透了的文化，人格或艺术，往往貌似圆满，没有缺陷，什么也不否定，像包容一切，然而往往就包含了堕落的萌芽，枯萎，僵凝，没有生气了。这是一切古典的东西的命运，也是优美之物的最后悲哀！壮美不然，含有强烈的否定力量的壮美的人格如陶渊明者尤其不然！

我们且看陶渊明之否定处吧：

人之所宝，尚或未珍。

——《答庞参军》

静念园林好，人间良可辞。

——《庚子岁五月中从都还阻风于规林》

商歌非吾事，依依在耦耕，投冠旋旧墟，不为好爵萦。

——《辛丑岁七月赴假还江陵夜行涂口》

寒竹被荒蹊，地为罕人远。是以植杖翁，悠然不复返。

——《癸卯岁始春怀古田舍》

173

田家岂不苦？弗获辞此难。四体诚乃疲，庶无异患干。

——《庚戌岁九月中于西获早稻》

咄咄俗中愚，且当从黄绮。

——《饮酒》

去去当奚道，世俗久相欺。摆落悠悠谈，请从余所之。

——《饮酒》

多谢诸少年，相知不忠厚，意气倾人命，离隔复何有！

——《拟古》

不学狂驰子，直在百年中。

——《拟古》

厌闻世人语，结友到临淄。

——《拟古》

岂不实辛苦，所惧非饥寒。

——《咏贫士》

高酣发新谣，宁效俗中言？

——《读山海经》

虽非世上宝,爰得王母心。

——《读山海经》

宁固穷以济意,不委曲而累已。既轩冕之非荣,岂缊袍之为耻?诚谬会以取拙,且欣然而归止,拥孤襟以毕岁,谢良价于朝市。

——《感士不遇赋》

归去来兮,请息交以绝游,世与我而相遗,复驾言兮焉求?

——《归去来兮辞》

借问游方士,焉测尘嚣外?愿言蹑轻风,高举寻吾契。

——《桃花源诗》

他强烈地有所摆脱,强烈地有所厌弃;他不惜息交绝游,他不惜高举辞世。这仿佛有所固执,有所偏拗,也就是鲁迅所谓韧性,北平人所谓别扭劲儿。在规步矩行的人看来不免是一些缺陷的吧,但正构成了陶渊明之坚强的,壮美的,庄严而峻烈的人格的重要动力。许多面面俱到的好好先生,自以为冲淡和平的,实在不足以语此。倘以这种态度来概括陶渊明,那实在更是南辕北辙了!

陶渊明这种否定的力量,原是像潜伏的火山的熔浆似的，平时可以不爆发，但一遇机缘，便会喷发而出。公元四〇五这一年，也就是晋安帝义熙元年乙巳，陶渊明这时四十一岁了，是桓玄篡位失败，为刘裕讨平的一年，渊明看到了种种不顺眼的事情，政治的局面是那样混淆而毫无头绪，也毫无澄清的希望，而他自己那儒家教养所给他的不苟的教训，以及道家精神所陶铸了他的不拘的性格，再加上他自己那时候被良心所提示着的万万不能放弃的"素抱"、"素襟"、"素志"，便统统发酵而爆发了，这就是那有名的《归去来兮辞》的创作的根由。这是他那不妥协的精神的顶点，也是他那强烈的否定精神之壮美性的发挥的顶点。

否定精神的另一面就是肯定自我，也就是自我人格中之伦理价值，这是一种真正的高贵的悲剧意识，陶渊明的不朽也就在此。反之，有些自以为是陶渊明或被人误认为是陶渊明的人，却往往在起初好像不妥协，后来终于妥协，假若只截取其不妥协的一段说，也好像和陶渊明相似了，然而不然，因为这些人既终于妥协，便是根本缺少否定的力量，也就是根本缺少肯定自我，尤其是肯定自我人格中之伦理价值的力量。这不是壮美了，而是丑恶，这不够悲剧意识的发挥了，而只是滑稽的丑角表演而已。《红楼梦》中的袭人、妙玉就是这一个类型，中国近代文人中先以冲淡自居，终于落水的，也是这一个类型！

先似妥协，终于不妥协，这其中有一种否定力量的潜流，也有一种伦理价值的挣扎。最后却是伦理的自我胜利了，所以这是壮美，这是悲剧性。——而且是确确切切的西

176

洋美学上所谓的壮美或悲剧性的意义！至于先似不妥协，终于妥协，这却表现为一种空虚，虽然也经过一种挣扎，然而伦理的自我却终于失败了，毁灭了！这哪里有庄严？这哪里有美？根本空虚，哪里会不成为丑角的演出？——二者相似而太不同了！

陶渊明之否定精神，其实是肯定伦理的自我者，即表现而为寂寞与孤独。说到饮酒时，固然是，"浊酒聊自适"（《归园田居》），"浊酒且自陶"（《己酉岁九月九日》），"欲言无予和，挥杯劝孤影"（《杂诗》）；游行时也是，"怅怅独策还"（《归园田居》），"中宵尚孤征"（《辛丑岁七月赴假还江陵》），"怀良辰以孤往"（《归去来兮辞》）；而他歌唱时是他自己，"敛襟独闲谣"（《九日闲居》），"慷慨独悲歌"（《怨诗楚调示庞主簿邓治中》）；他悲哀时是他自己，"猖狂独长悲"（《和胡西曹示顾贼曹》）；甚而他偶尔快乐时是他自己，"被褐欣自得"（《始作镇军参军经曲阿》），"灵府常独闲"（《戊申岁六月中遇火》）；他宽慰或者想解脱时还是他自己，"应尽便须尽，无复独多虑"（《形影神》），"既自以心为形役，奚惆怅而独悲"（《归去来兮辞》）。这让我们大可以想象，陶渊明是如何一人端着酒壶在那里独饮，又如何一人拄着手杖而踽踽独行，他会自己在那里会心微笑，他会自己在那里慷慨高歌呢！

寂寞和孤独就是陶渊明的精神世界的特色。他所欣赏的山是"虽微九重秀，顾瞻无匹俦"（《游斜川》），他所喜欢的树木是"高莽眇无界，夏木独森疏"（《庚子岁五月中从都还阻风于规林》），甚而原野和云朵，他也因为"感情移入"的作用，而

177

反映出全是孤独:"平原独茫茫"(《拟古》),"孤云独无依"(《咏贫士》)。他见了"日暮犹独飞"的归鸟而引为同调,他更常常"抚孤松而盘桓";就是他所想象的美人,也是"夫何瑰逸之令姿,独旷世以秀群"(《闲情赋》)的。真的,寂寞和孤独笼罩了陶渊明的一切!就连普遍认为有问题的《四时》一诗,不管是顾恺之的原作,还是陶渊明的摘句吧,最后一句仍是"冬岭秀孤松",仿佛一沾着陶渊明的边儿,氛围中就不能缺了寂寞与孤独!

寂寞与孤独之感可说是和陶渊明的生命之深处永远相固结着的。就他的生活史上看,这也原是很早的,"少时壮且厉,抚剑独行游"(《拟古》),少时就是如此了。这性格主宰了他一生,而且他也不肯放弃了这样的一生,"自我抱兹独,僶俛四十年"(《连夜独饮》),"总发抱孤介,奄出四十年"(《戊申岁六月中遇火》)。一个人到了四十岁而仍然不肯放弃的性格,当然是永不会放弃了!

往远处说,他这性格也和他那外祖孟嘉有关。孟嘉就是,"门无杂宾,常会神情独得,便超然命驾,迳之龙山,顾景酣饮,造夕乃归"(《晋故征西大将军长史孟府君传》)的。在孟嘉把种种性格和爱好都遗传给了他的外孙之余,他这独来独往的一点就尤其显著!

关于陶渊明这种性格,也不止我们看出来,他生时最好的朋友颜延之就已经看出来了,颜延之给他作的《诔词》上,头两句,就已经是"物尚孤生,人固介立"了;而后来的批评家也有同样的发现者,如毛晋绿君亭本陶集总评所引潜玉的话:"靖节先生孤士也,篇中曰孤松,曰孤云,皆自况语。人但知义熙以后,先生耻事二姓,孤隐于醉石五柳间,而不知义熙以前,虽与镇军督邮同尘杂处,而先生之孤自若。故其诗云:'自我抱兹独,俯仰四十年';又云:'此士胡独然,实由罕所同。'慨不生炎帝帝魁之世,而赋《感士不遇赋》云:'拥孤襟以卒岁,谢良价于朝市';——盖合晋宋而发也。岂其参军事,令彭泽,即云良价哉?颜延之曰:'物尚孤生',先生真孤生也。"这见解都非常正确。我们现在所作的,也就是充实这个意见,发掘这个意见,并且强调这寂寞和孤独之感的背后乃是一种悲剧性的否定精神,其底蕴乃是伦理的自我价值之肯定而已;以往的人已见其当然了,我们却是更愿意说明那所以然!只有就所以然处看,陶渊明的价值才是永久而不可动摇的!

179

谈陶渊明①

——陶渊明逝世一千五百三十周年纪念

陶渊明是公元四世纪后半期到五世纪初的一个中国伟大的诗人。他的地位应该和比他早六七百年的屈原,比他晚三百年左右的李白、杜甫并列,这是没有问题的。

可是关于他的全面研究,关于他的正确估价,却并不怎么容易。我们很容易把他说简单,而事实上是不那么简单的。我说这话的意思,并不是浇冷水,阻挡人们对他的研究,也不是故意夸张,企图把他和我们的距离扩大。完全不是这个意思。恰恰相反,我是说我们应该有全面、细致、深入的研究,把他和我们的距离缩短,甚而达到没有距离。对待这样一个诗人,是特别需要有耐心的。

在中国文学史上常有这样的情形:表面上很难理解的东西,其实是好懂的,因为那所谓难理解的只是文学障碍,例如谢灵运的诗就是;而表面上很好理解的东西,其实却不容易真懂,李白的诗是一个例子,陶渊明的诗又是一个例子。

我们单说陶渊明。如果孤立地看他的诗的每一句话,可能好懂,因为他比较少用典故,他比较少用难认的字,而且往

① 该文发表于北京师范大学学生会主办的《蓓蕾》(1957 年 1 月),署名长之。——编者

往近于口语；但是整首诗就不是那么好懂了，因为诗中的含义往往超过表面上的范围，也超过表面上的深度；整首诗也许好懂，但如果和他的其他作品合起来看，就会发生不那么容易把握的情形；合起其他诗来也许会把握到更深刻的东西了，但是如果联系到他的时代，联系到他的经历，联系到他的世界观，就又会发觉如果要真正接触到他的思想感情还是必须经过一些艰辛的探索的。

这里举三个例子。

一、是他的《责子》诗：

> 白发被两鬓，肌肤不复实，
> 虽有五男儿，总不好纸笔。
> 阿舒已二八，懒惰故无匹；
> 阿宣行志学（十五岁），而不爱文术。
> 雍端（二人）年十三，不识六与七，
> 通子垂九龄，但觅梨与栗。
> 天运（命）苟（如果）如此，且进杯中物（酒）！

单句说，很好懂。除了"行志学"是用了孔子"吾十有五而志于学"的典故是指十五岁，"杯中物"是酒的代语之外，几乎全是口语。整篇呢，好像是责骂几个孩子的顽皮、偷懒，不爱用功，因而诗人感到苦恼，不如喝酒了。可是和其他诗合起来看，就不这么简单了。原来陶渊明是很爱孩子们的，他对自己的孩子也并非觉得不好，那么，这里的责骂，实际上就不是真的生气,而是说着高兴罢了。可是他又为什么提到命不好,还喝酒消愁呢?不是为孩子不好,那是为什么呢?这就必须联系到他作这诗的时代和他的经历,以及他日常的思想、感情才能理解了。原来他作这首诗的时候是他三十六七岁的时候,正是他为了生活的穷困而不得不出来做一点小官,但又为了这样妨碍自己的自由,舍不得自己的田园,而常想退休,可是由于军阀的混战,自己的田园生活又遭到破坏,做小官呢,又看到一些不顺眼的事情和不顺眼的人物,几次辞了职,几次为饥饿而不得不出去,出去又还是为了自由而再回来,这才是真正苦闷所在。不但这样,还因为他读过一些古书,他也深信那些古书,古书里教导他为人要正直,也常有一种淳朴的康乐生活的理想在吸引他,而他又在生活实践中,看到老百姓生活的可爱,看到当时老百姓的和平幸福生活遭到破坏的痛苦,于是越感到对统治阶级的不满,越感到自己勉强去同流合污是不值得的,越感到因为饥饿而不得不出来做点小官的苦恼了;更糟糕的是,在当时那种政治条件下,这苦恼的日子只有延长,而看不到消除的边儿;所以想到命不好,所以只有喝点酒还痛快,而孩子们越可爱,他就越不是味了。这些含意不是远超过诗的表面么?

二、是他的《读山海经》第一首:

> 孟夏(旧历四月)草木长,
> 绕屋树扶疏(枝叶茂盛),
> 众鸟欣有托,吾亦爱吾庐。

182

既耕亦已种,时还读我书,

穷巷隔深辙,颇回故人车。

欢言酌春酒,摘我园中蔬,

微雨从东来,好风与之俱。

泛览《周王传》(指记载神话传说的《穆天子传》),

流观《山海图》(指神话书《山海经》的插图),

俯仰终宇宙,不乐复何如!

这首诗表面看是充满愉快气氛的。这种愉快,也应该说是真实的,但如果仔细咀嚼其中的滋味,"不乐复何如",却又有无可奈何的伤感。再看"穷巷隔深辙,颇回故人车",是说交通不便,朋友来都困难,这应该是不愉快的了,可是为什么反而还满足这样的生活呢?这就又不简单了。原来这首诗是作在陶渊明五十多岁以后,那时已是经历了几次政变:桓玄推翻了晋朝皇帝,刘裕又打倒了桓玄,晋朝表面上恢复了统治,刘裕又处心积虑在夺取政权。陶渊明对这些事看不惯,晋不好,桓玄、刘裕又何尝好?比较是桓玄好,可是时间又太短(只有两三年)。刘裕呢,阴险而跋扈。陶渊明又一度在桓玄底下做过事,这时刘裕当权,他不免是刘裕的眼中钉。然而他已是退休十几年了,田园的生活又恢复了,他于是庆幸自己的远见,庆幸自己重新恢复了自由,庆幸自己没牵涉到当时的是非旋涡里,这就是他愉快的缘故。但他自己个人的问题虽然解决,而整个大局,他是不满意的,所以就又有无可奈何的感伤。再看到几次政变中那些东倒西歪,趋炎附势的人物,其中也包括他的朋友,他是有厌弃之感的。因而才觉得他们这些人不容易到他这里来,反而使他舒服了。所以这首诗,也就不是单纯的愉快了。

三、是《饮酒》诗中的一首:

> 结庐在人境,而无车马喧,
> 问君何能尔? 心远地自偏。
> 采菊东篱下,悠然见南山。
> 山气日夕佳,飞鸟相与还。
> 此中有真意,欲辨已忘言。

这是曾经被资产阶级学者认为是静穆,而被鲁迅所驳斥了的。问题是如果孤立地看"采菊东篱下,悠然见南山",那实在是飘飘然,没有烟火气了。然而这是因为没有看上四句。原来所以"悠然"的缘故是在"无车马喧",是在"心远"。这是什么道理呢? 这也仍然要联系到这首诗的年代上去。原来《饮酒》诗多半写在陶渊明四十二岁左右。四十二岁是陶渊明忍受饥寒,换取自由,经过十二年的矛盾,终于不再出来做官的一年,也是桓玄政权刚刚失败的一年。他所谓"无车马喧",是指逃掉统治阶级内部政争的旋涡,他所谓"心远"是指自己看透了,躲开了,主意拿定了的不妥协态度。这是他多年求之不得的,这就是他这时所高兴的,所以才有"悠然见南山"的从容的愉快。下边怕别人不了解他所以才采取这样态度的缘故,所以说"此中有真意",话是双关的:既说鸟,也说自己(他常

184

用归鸟的形象来表达自己这种心情)。同时又怕意思太露骨，所以马上又用"欲辨已忘言"来轻轻遮掩了下去。用轻轻的遮掩来表达自己的坚决，本是陶渊明惯用的手法之一。因此，假如单用静穆来看这首诗，就太表面了。

这里是仅仅举一些例子，说明陶渊明的诗不是像表面上那么容易懂。当然，不是说不可能懂的。

我在这里要说一说我自己读陶诗的经验。我在十几岁的时候，就曾读过全部陶集。那时我在院子里，一边读，一边高兴地笑着，觉得陶渊明真是那样和悦可爱的。可是后来看到朱熹、梁启超的说法，慢慢感到陶渊明的内心矛盾了。再看到鲁迅的指示，知道陶渊明是非常关怀当时的现实，而有战斗性了。又看了一些宋明人的注本，知道其中的问题原来很多。细读晋代的历史，就仿佛有了一些头绪。因而写成一本《陶渊明传论》(最近还要重写这本书)，大体上还是受了鲁迅的启发。现在也常翻"陶集"，深感到陶渊明有他极大的苦闷，也有他极强的战斗性，而在战斗中有他偶尔露出的乐观。总之，他是中国文学史上一个很杰出的光辉的名字。

可是我在这篇文字里，没有用现实主义的字样，也没有用人民性的名词，同时也没有提到他的劳动生活的意义，并且没有提到他的朴素的风格，这并不是因为这些提法不好，也不是因为这些提法不重要，只是因为我怕如果不通过详细说明就有简单化的危险。简单化也就是歪曲的别名。以陶渊明时代的历史情况论，以陶渊明所接受的思想来源论，以陶渊明和当时的文艺流派的关系论，以陶渊明创作中的复杂情

185

感论(几乎每一首诗都是如此),以陶渊明的含蓄而丰富(表面上很朴素)的风格论,都让人不能够简单地来理解陶渊明的。然而我要重复说一遍,避免简单化,不是说不可理解,也不是说不值得理解,而是相反,倒应该耐心地去发掘这一个伟大诗人的丰富宝藏的。只有这样,我们才可以在其中吸取更多的有益的东西。

说说李长之的《陶渊明传论》

于天池　李　书

　　如果在现当代有所谓"陶学"的话,那么李长之的《陶渊明传论》大概是其中最惹人瞩目和引起争议的著作了。根据不完全的统计,自 1949 年至 1953 年《陶渊明传论》出版之前,全国各报纸、杂志发表的有关陶渊明研究的论文不过三两篇,而在此之后,研究陶渊明的论文如雨后春笋般涌现,至 20 世纪五十年代末,已发表近百篇,而且基本上都是围绕着李长之《陶渊明传论》的相关话题进行的。

　　《陶渊明传论》从某种意义上可说是一个急就章。从作者标明的创作时日来看,它的创作始于 1952 年的 9 月 16 日,止于 10 月 17 日。六万余字的小册子,前后也就写了一个月的光景。以李长之一贯的文笔迅捷而论,并不值得大惊小怪。不过,在体例上它的确有些问题,既不像作者的《司马迁之人格与风格》那样体大思精,恢宏厚实;也不像作者的《道教徒的诗人李白及其痛苦》那样精致完整,一气呵成;而是只写出作者在"较长的时间内比较固定一些的看法。主要是企图解决两个问题：一是他和晋、桓玄、刘裕的关系如何，以及他对农民的态度如何，总之是他的政治态度；二是他和儒家、道家、佛教等的关系如何，究竟应该肯定他有几分儒家思想，有几分道家思想，以及他自成为一种思想面目的是什么，总之也就是他的思想态度"。作者"本来还想论陶渊明的艺术成就和生活态度，但因为有些其他工作耽搁太久了，所以姑且暂告一个段落"。按照一般"传论"的体例思路，传主的生平和作品的论述应是传论的主体，而在《陶渊明传论》中，情况恰恰倒了过来，是为了"企图解决两个问题""准备论据"，才"有一个较详的传记，并且对他的作品创作的时日也需有一个考订，这也就是书的前半部分的内容"。这似乎有点本末倒置。从这个意义上，《陶渊明传论》不能算作是作者研究陶渊明的完成，而只能看作是他时常要给陶渊明写一个"传或者评论"的阶段性成果。但是要说《陶渊明传论》不成熟，是心血来潮之作，也不尽然。因为，李长之对于陶渊明的研究几乎是终其一生的。1933年，他尚在清华大学哲学系读书时，就发表了《我所了解的陶渊明》(《清华周刊》1933年4月第39卷5期、6期合刊)，那几乎是他古典文学研究的开始。在这之后，他的陶渊明研究一直没有中断。1939年他准备写《关于中国五个大诗人》的专著，其中就有陶渊明[1]；四十年代初，他又曾表示要写一组对于中国思想和文艺界影响很大的作家的传记，其中也包括陶渊明。[2]1947年他连续发表了《陶渊明真超

---

① 李长之《道教徒的诗人李白及其痛苦》序，长沙商务印书馆，1940年出版。
② 李长之《从孔子到孟柯》，《理想与文化》1943年第二期。

出于时代吗？》《陶渊明的孤独之感及其否定精神》等文章，受到了朱自清先生的高度赞扬，称他"说了人家没有说的话，人家不敢说的话"，"都是极有价值的批评"。①因此，《陶渊明传论》的写作时日虽短，所论虽然主要限于陶渊明的政治态度和思想态度，表述的却是作者较长时间内萦绕于怀，在认真思考的基础上的比较固定的一些看法。

《陶渊明传论》在陶学上的主要贡献在于，自来论陶渊明政治态度的人分成极端的两派，一派认为陶渊明的诗歌表达了"忠愤"之情，陶渊明是晋室的忠实奴仆；一派认为陶渊明超然于当时的政争，"都无晋宋之间事，自是羲皇以上人"。而李长之则提出一种新的看法：即"虽不忠于晋室，但仍同情"②。也就是说，陶渊明既不超然于尘世，对于晋室也比较冷淡。关于陶渊明思想态度的评议，向来也是分为两派，一派认定陶渊明有浓厚的儒家思想，一派认为陶渊明的思想完全是道家。李长之则认为陶渊明的思想既有儒家思想，又有道家思想。"儒家思想让他有一种操守，给他的躬耕生活以一种安贫乐道的坚强支持，同时限制了他和农民距离的真正缩短，于是有时表现为一种没落的地主官僚式的情感；道家思想却使他有一种原始公社式的社会制度理想，再结合着他自身经历的饥寒困苦，便反映了当时一般农民的一部分痛苦，同时也使他对生死有了明确的看法，使他接近于唯物论思想。他推崇儒家，不排斥道家，后来又结合为一，这就形成了

<hr />

① 朱自清《朱自清文集》第八卷，江苏教育出版社，1988 年出版。
② 李长之《关于〈陶渊明传论〉的讨论》，1954 年 7 月 10 日《光明日报》。

189

他自己的独特的思想面目"。而且,李长之认为,无论是陶渊明的政治态度还是思想情感都不是孤立静止的,而是发展变化着的。陶渊明"晚年是愈接近于一个农民的生活了。这阶级生活的变动,就不可避免地影响了他的思想情感的变化。这不但表现在他的政治态度上了,也还表现在他的思想态度上"。这些观点尽管仍然有商榷的余地,但较之前人,无疑新颖并深入了一层。

《陶渊明传论》不仅观点新颖,立论精辟,而且在研究的方法上也别开生面,蹊径独辟。其切入的角度,立论的线索,往往与众不同。比如,在论述陶渊明的政治立场的时候,他选择了陶渊明的两个重要的先辈——陶侃和孟嘉作为论证的切入点。他说:"陶渊明的性格和政治态度,是和他的两位著名的先辈有密切关系的。这倒并不是仅仅由于生理学的或遗传学的看法,如果那样,便未免是太机械唯物论的了。问题是,陶渊明对于这两位先辈,的确有着异乎寻常的崇拜;因为崇拜,就容易受着影响。在事实上,陶渊明的风度、爱好、习惯,我们也都可以在他那两位先辈的专辑里找到鲜明的影子。那么,关于陶渊明的政治态度,也就在他这两位先辈的政治态度中可能得到一点线索了,虽然这不是唯一的线索。"这个视角应该说是带有方法上的突破的,因为从现有的陶渊明传记资料和诗歌作品当中论述其政治态度和思想情感,不仅缺乏数量上的充分性,而且由于诗歌意象的丰富和不确定性,千百年来,研究者各执一端,各说各话,很难有所突破。李长之论陶渊明从其两个重要的先辈入手,虽然不是唯一的最佳的路径,但毕竟使人耳目一新。

在史料的运用上,李长之也目光敏锐,视野开阔。比如,他在论述诗人陶渊明的成长环境时,所观照的不仅是文学的环境,而且是文化的、艺术的环境,他说:"作为诗人的陶渊明,他的幼年和少年,恰是生长在一个艺术时代里。除了方才提到过的书法家王羲之和他同时之外,雕塑家戴逵(死于公元 396 年,时陶渊明 32 岁)、大画家顾恺之(生于公元 343 年,大陶渊明 22 岁)、山水画家宗炳(生于公元 375 年,时陶渊明 11 岁)也都和陶渊明同时。就文学范围内而论,虽然过江的大诗人郭璞死在陶渊明生前四十年,中间似乎空白了些,但玄言诗人孙绰、许询,咏史诗人袁宏都在陶渊明幼年时还活着,至于和陶渊明同时的年轻诗人谢灵运(385 年生)、谢惠连(397 年生)、颜延之(384 年生)、鲍照(可能生于 416 年左右)等,就更多了。附带提及的是,这时还有大思想家支遁(366 年卒)、鸠摩罗什(409 年卒)、慧远(416 年卒)、大历史家裴松之(372 年生)、《世说新语》的编著者刘义庆(403 年生),这都是和陶渊明同时在文化上放着光彩的人物。这就是陶渊明的时代——文化上一点也不寂寞的时代。"他在论及陶渊明的思想发展时则说:"陶渊明究竟是一个生长在长期'习尚老庄'而风气在向崇尚儒术转变着的时代的人物,所以也就不可能在他的思想中没有道家的成分。明显的是关于社会理想方面,关于生死的看法方面,他是采取道家的看法的。更确切地说,他不只是采取了老庄的思想,而且更多地吸取了当时新的道家——那就是表现在受了印度佛教的启发而产生的《列子》中的——思想。"这就突破了前人就文学论文学,就文学家论文学家的视野传统,显得恢宏而开阔。这种开阔,既得力于时代的文艺思潮的进步,也得力于李长之同时是一个美学史家、哲学史家,他对于中国美学史和哲学史有着深湛的研究,能够对于文学和艺术乃至思想史相互间的关系的理解更圆融贯通,对于文学家成长的时代环境的感悟超出了狭隘的纯文学视野。

李长之又是仔细审慎的。比如,虽然他是从陶侃和孟嘉入手论述陶渊明的政治态度的,但他并不就认可陶侃就是陶渊明的曾祖,对此他持有保留的态度,他说"这事情确有可疑"。他引朱自清所写的《陶渊明年谱中之问题》中的结论后,说:"朱自清的文章是带有总结性的,这就是说,这个问题就现有的史料论,已证明是不可能得出明确的答案了。""我们可以不必纠缠在陶侃是否是陶渊明的曾祖上","我们现在要指出的乃是纵然陶侃不是陶渊明的曾祖,他们的关系是不是很密切呢?答案是,也仍然是的"。这就使得他的相关论述建立在较为牢靠的基础之上。

为了给论述陶渊明的政治态度和思想态度以论据,李长之写了陶渊明"一个较详的传记",并且对其作品创作的时日也进行了考订。这一部分内容虽然不是李长之论述的重点,当时大肆批判李长之《陶渊明传论》的人也没有充分予以注意,但是其内容至今看来仍有许多闪光之处。在李长之之前,对于陶渊明的生平和创作时日,前人已有很多创获,就近人来说,梁启超的文章有新意而略嫌笼统;古直的《陶渊明年谱》,尤其是朱自清的《陶渊明年谱中之问题》一文"带有总结性的",但是都没有完全摆脱传统年谱、系年体例的束缚。李长之的"陶渊明的一生及其作品"最大的成绩是从发展的角度,将陶渊明的一生给予了梳理,认为"陶渊明的一生可分为三个时代:二十九岁以前是一个时代,大概是过着种田和读书的生活;二十九岁到四十一岁是一个时代,他做了好几次小官吏,也时常出门,多半是由于职务;四十二岁到死,就是到六十三岁,是一个时代。这时他眼见晋室衰微,桓玄的政权也倏起倏灭,刘裕已慢慢握起大权,代替了桓玄,最后逼死了晋朝最后的两个皇帝,而自己又建立了新的王朝。这期间有不少的惨杀倾轧,诗人陶渊明看不顺眼,便因而隐退起来,也因此暗中牢骚多起来,并为了保持自由而再度去躬耕。于是在二十余年中,慢慢把自己的生活理想化,也理论化,遂形成了一个具有独特面目的有思想的诗人,这就是他的晚年。这就是他的一生。"这么明确的分期,是前人所从来没有的。这种阶段的划分,虽然在当时没能引起充分的注意,却成为后来研究陶渊明生平时间段落划分的基础。充分注意作家思想和生平的发展阶段,不是静止地、平面地分析、评价作家的思想,而是流动地、历史地加以观照,这是李长之对于古典文学作家评论的一个特点,也是李长之古典文学评论——当然不止是古典文学评论——的长处所在。

在"陶渊明的一生及其作品"中,精彩的考证和创见随处可见。比如谈到陶渊明的《还旧居》一诗的"畴昔家上京,六载去还归"时,李长之说,"有许多人认为'上京'不是建康而是浔阳附近的一个地名。但我们认为这个'上京',正是当时京都建康,理由是:第一,集中另一处说'上京'确指建康,即《答庞参军》中所说:'大藩有命,作使上京',不会同一'上京'而指两地。第二,就陶渊明所去过的地方论,除了建康以外,是再没有适合'六载去还归'的条件的。六又作十,但'十年去还归'的地方就更没有了。或者有人认为'六载去还归'是指六年中常来常往的意思,那样是可以把'上京'解作浔阳附近的。但下文明明说'今日始复来',绝不像指六年中常来常往的地方,诗意乃是说六年前离开六年后又归来。第三,就诗中'阡陌不依旧,邑屋或时非'看,乃是前所未经的情况,这绝不是浔阳。因为大乱时,陶渊明正居家守丧,对浔阳的乱况是熟悉的。第四,这首诗也不会早年还浔阳时作,因为其中有'常恐大化尽,气力不及衰'的话,一定是靠后些才合适。第五,这首诗是在编年诗的一系列中,恰在《经钱溪》一首之后,相传的本子必定依时间先后。例如《始作镇军参军经曲阿作》一诗在《庚子岁五月中从都还阻风于规林》一诗之前,已证明那诗中的事实也确在庚子岁之前了。反复地考虑,这首诗就是这一年使都时的所见"。在考证《假还江陵夜行涂口》的"一去三十年"时,他说,"何孟春本引刘履说,'三当作逾,或在十字下',陶澍又说'三当作已',那就是这句话有这样几个可能:一去三十年,一去逾十年,一去十三年,一去已十年,但他们都没有注意'一去三十年'是陶渊明所常说的,正如上引'闲居三十载'见《还江陵》。且宋曾集本校各本异同最富,但此句下并无异文。故做'一去三十年'为是"。都相当精核。

李长之是一个批评家,在作品的解读、人物的解析和评价上,往往能够三言两语,随手拈来,言简意赅而又精彩纷呈。他评陶渊明的《形影神》,说:"诗中化身为形影神三者,其实各有陶渊明的一部分。'得酒莫苟辞'的形,固然是篇篇有酒的诗人陶渊明了,'立善有遗爱,胡可不自竭'的影,也是像陶渊明那样'脂我名车,策我名骥,千里虽遥,孰敢不至'的积极的一面。而'应尽便须尽,无复独多虑'的神,也正是自'归去来'后'聊乘化以归尽,乐夫天命复奚疑'的结论的重述。从'无复独多虑','复奚疑'的口气看,就见出陶渊明常是在形影神三者的交战状态中,这就越可以说明三者各是陶渊明一部分了。但是这三首诗却有共同的一点,那就是反对神仙,主张自然,在某种程度上说明作者是一个唯物论者。我们说在某一种程度上,就因为他究竟还说'人为三才中,岂不以我(神)故',还是把神高看一等的。然而无论如何,比起要在形影神的论据中肯定神不灭并肯定报应的慧远来,陶渊明是鲜明地拿起一面新兴的儒家旗帜去反对道释二家了。这是陶渊明的思想成熟期的面目,这是他高出于当时莲社诸人处。陶渊明在中国思想史上有卓绝的地位者也就以此。"阐释得何等深刻!谈到《归去来兮辞》时,他说:"《归去来兮辞》是陶渊明的重要作品之一,就了解陶渊明本人的思想和生活论,那尤其有着头等重要的意义。首先,我们要记得,这是产生在桓玄失败的次一年的作品,这是这篇作品的政治性;其次,这是陶渊明最后一次出仕而归的作品,所以这篇作品在陶渊明的生活史上有着前一段生活之总结性。最后,就陶渊明的一生论,那《归去来兮辞》中的主题更几乎是他所有的作品中的基本情调,所以,它又特别有着代表性。"这大概是那个时代最透彻和简明的讲解了!

他尤其善于融会贯通陶渊明的诗文作品,把它们前后串联起来,把似乎难以联系的诗文勾连在一起,再现陶渊明诗文的发展和变化,给人以流动的完整的陶渊明的影像。他评论陶渊明的《归去来兮辞》就说,"《归去来兮辞》的实际思想,我们又不能只从'云无心以出岫,鸟倦飞而知还','聊乘化以归尽,乐夫天命复奚疑'这几句表面的话来把握。如果这样,陶渊明的出仕就未免太无意识的了,他的归来也未免太单纯,单纯到一点矛盾也没有了。其实不然的。我们不要忘了,陶渊明是一个受有很浓厚的儒家思想影响的人,因而在他出仕乃是正常的,归来却是不得已的。正面表示这个态度的,就是他的《感士不遇赋》,'咨百行之悠贵,莫为善之可娱。奉上天之成命,师圣人之遗书。发忠孝于君亲,生信义于乡闾'。这才是本来的理想。'发忠孝于君亲',还不包括出仕么?这才是他正面的态度。只有看到像贾谊、董仲舒那样仕途的挫折,才'感哲人之无偶,泪淋浪以洒袂',于是'苍昊遐缅,人事无已,有感有味,畴测其理',这就是,有感于政局变动的迅速,刺激太深,才因而'宁固穷以济意,不委屈而累己'了。赋中说得最露骨的是这几句:'密网裁而鱼骇,宏罗制而鸟惊。彼达人之善觉,乃逃禄而归耕。'结尾的话也说得很明显:'既轩冕之非荣,岂缊袍之为耻?诚缪会以取拙,且欣然而归止。拥孤襟以毕岁,谢良价于朝市。'我们是体会体会他那'感哲人之无偶,泪淋浪以洒袂'的情感,他哪里是'乐夫天命复奚疑'那样单纯呢?假若我们把《悲士不遇赋》和《归去来兮辞》会合起来读,一里一表,对陶渊明的真相就猜得十之八九了"。谈到《五柳先生传》,他说:"有名的《五柳先生传》应该作于这一期间。因为其中的情况很像上面所引的《饮酒》诗,同时,这时又是他最能够产生那样思想成熟、态度明朗的自叙传的时候。""这篇被称为'实录'的自叙传,'性嗜酒,家贫不能常得'正是前引诗中的'子云性嗜酒,家贫无由得',这里的'闲静少言'也就是前一诗的'有时不肯言',可知二者是姊妹篇。这定居下来从容地读书习静的生活,又见之于《读山海经》诗的第一首。""这同样有'好读书','每有会意便欣然忘食'的情景。此外,《闲情赋》也可能是这一期间所做。因为照那序上说,'余园间多暇',也只有这时最相近。而'淡柔情于俗内,负雅志于高云'那样理想的美人,也可能是五柳先生自况的一种方法——'颇示己志'的自娱的文章呢。"这些连缀看起来不起眼,好像游戏拼图,又好像文物碎片的复原,却给进一步的评论提供了坚实的基础。这需要耐心、细致,更需要功力和眼光。在这些方面,李长之表现了一个批评家特有的天赋,使得他的"陶渊明的一生及其作品"摆脱了旧日年谱和作品系年的模式,充满了现代的气息,也使得他的《陶渊明传论》虽然没有正式谈及"陶渊明的艺术成就和生活态度",却又在一定的程度上有所弥补。

《陶渊明传论》没有来得及谈"陶渊明的艺术成就和生活态度",真是非常遗憾的事情。因为千百年来中国人之所以热爱陶渊明，并不是因为他的政治态度，并不是因为他的思想和儒家、道家、佛教等的关系，而恰恰是因为陶渊明诗歌的艺术成就和表现的生活态度。而且，作为一个诗人的传记，艺术成就和生活态度也恰恰应该是传记的核心和不能回避的重要方面。这些课题的写作，以李长之的才力、学识，是完全可以交出出色的答卷，一如他在《司马迁之人格与风格》、《道教徒的诗人李白及其痛苦》等所作的那样，那将是学术史上何等的幸事啊！但是，天忌其才，碍于时艰，李长之终于没有能够做。李长之在《陶渊明传论》序言中说："本来还想论陶渊明的艺术成就和生活态度，但因为有些其他工作耽搁太久了。所以姑且暂告一个段落。"这话说得有些模糊，甚至躲闪。我们无法知道李长之的所谓"其他工作"是什么，但是知道当时李长之的教学活动和科研活动刚刚从三反五反中（在高校中称为思想改造运动）的困境中解脱出来，仍有些惊魂未定。他写《陶渊明传论》时的环境并不从容，甚至有些偷偷摸摸。"其他工作"者，并非指教学活动和科研活动，而是政治运动也。连续的政治运动使他没有多少时间静下心来写作，时而被停止，时而又被恢复教学资格的待遇更使他战战兢兢。《陶渊明传论》署的是笔名"张芝"，这在李长之的专著署名中是绝无仅有的。据说李长之看《陶渊明传论》的校样时被同事看见，于是"张芝"即李长之，很快被学校当作动态上报。李长之得知后，夜梦频惊了相当长一段时间。在这之前，他为《鲁迅批判》写检查，为评论电影《武训传》写检查的余悸像幽灵一样挥之不去。可以想见，在构思《陶渊明传论》的时候，李长之大概可以思及其结构内容,立此存照;可以把想清楚的问题诉之于笔端,却很难从容展开,悠然挥洒了。"有些其他工作耽搁太久了"的话,大概是心态不从容的托词。当然,这推测可能只是外部环境的一种说明。从李长之的性格来看,他思路活跃,跳跃性很大,有时一件事情没有干完,兴趣便转移,旁骛其他,以致许多写作计划中途终止也是常有的事。当年他写《鲁迅批判》时,也是声言"我要停笔。因为我惦记着许多别的文章和书"后①,便将其中很重要的内容像"鲁迅翻译的剧本和小说"、"鲁迅翻译的散文和随笔"、"鲁迅之杂译和杂著"、"鲁迅对旧籍之整理著作"等章节的写作计划搁置下来。后来时光荏苒,没能完成。这从某种意义上也可以算作一种性格悲剧吧。但这似乎仍也只是问题的一面。任何艺术活动,都有创作的间歇性和阶段性,都有不能强求的一面。假如这"暂告一个段落"的工作后来能够继续完成,真的只是暂停了一下,也未尝不是可以理解的事。现在存留的李长之的资料表明,尽管《陶渊明传论》受到了不公正的待遇,李长之对于所热爱的陶渊明的研究并没有停止。1956 年 12 月 3 日,他为北京师范大学学生会主办的刊物《蓓蕾》写了《谈陶渊明——陶渊明逝世一千五百三十年纪念》文章,就着重讲了陶渊明的艺术成就和生活态度。他似乎也有继续或重写陶渊明传记的打算,但这一切都被后来的反右斗争,被来势汹汹的"文化大革命"所击碎。《陶渊明传论》最后只能是李长之研

---

① 李长之《鲁迅批判》后记,北京出版社,2003 年出版。

究陶渊明的"一个段落"。

《陶渊明传论》发表后,意外地引发了轩然大波,古典文学界为此展开了关于陶渊明的热烈讨论。从1954年6月7日《光明日报·文学遗产》发表阎简弼《读〈陶渊明传论〉》的批评文章开始到该年年底,仅半年,发表的有关陶渊明的文章已经超过了建国后的总和。从这个意义上说,李长之的《陶渊明传论》颇有"报春花"的意味。但讨论很快形成了围攻之势。有的文章声言李长之的《陶渊明传论》"带来一定的毒害"[①],"造成的不良后果是必然的"[②]等等。从李长之还没有噤口,还能够进行答辩,讨论没有最终的结论,不同的说法也没有定于一尊来看,围攻的局面大概主要是学术风气不够正常造成的。建国之初,在古典文学界,如何运用马克思列宁主义的文艺理论解释说明中国古典文学作家和作品,一方面缺乏对于具体对象的分析经验和实践,一方面也缺乏宏观地组织学术讨论的实践和经验。由于对马克思列宁主义的文艺理论并没有很好地掌握,因此整个学术界庸俗地对待阶级分析,简单而幼稚地贴术语标签的地方比比皆是。批判李长之专著观点的文章不必说,就是李长之自己的观点和表述方法也不可能超越那个时代。比如他说"只是由于阶级的限制,陶渊明不能理解到要做到'秋熟靡王税'不能只凭空想,而是要经过斗争——随闯王"就是一例。李长之的文章如此,遑论批判李长之的文章! 李长之善于简单明了地归纳自己论文的观点,

---

① 易润之《试论陶渊明》,1955年《文学遗产增刊》第一辑。
② 叶鹏《论陶渊明》,《文史哲》1956年12期。

他的论文具有思辨的明确性、尖锐性。由于明确、尖锐，其观点就容易引发争论，可以成为旗帜，也可以成为聚焦的目标和箭垛靶子，这不仅见于《陶渊明传论》，也见于他的其他论著。李长之的《陶渊明传论》的发表，在陶学领域可谓一石激起千层浪，引起了波澜效应。雄鸡一唱，群鸡叫白，自是合于人情物理。

鲁迅先生在《魏晋风度及文章与药及酒之关系》一文中说，"陶潜总不能超出尘世，而且，与朝政还是留心的，也不能忘掉'死'，这是他诗文中时时提起的。用别一种看法研究起来，恐怕也会成为一个和旧说不同的人物吧"。李长之的《陶渊明传论》可以说是1949年后对于鲁迅的这一提议的第一次认真的落实。然而，《陶渊明传论》的命运却不佳，它本身有些"春柳初黄半未匀"的味道，又遇到了寒流，先是铺天盖地的围攻，接着遭到了尘封。不过，就《陶渊明传论》引来了1949年后陶渊明研究的短暂的春天而言，也还值得，因为它告诉我们，在学术研究的道路上，指明方向和路径不容易，实践起来并完成它更是不容易。